THÉORIE DE LA STABILITÉ

DES

MACHINES LOCOMOTIVES EN MOUVEMENT

PAR

M. YVON VILLARCEAU

Extrait des Mémoires et Comptes-rendus des Travaux de la Société des Ingénieurs civils,
Janvier à Juin 1851

PARIS

CARILIAN-GŒURY ET Vᵉ DALMONT, LIBRAIRES-ÉDITEURS
49, QUAI DES AUGUSTINS

1852

THÉORIE DE LA STABILITÉ

DES

MACHINES LOCOMOTIVES EN MOUVEMENT.

Paris. — Impr. de Guérin et Joubert,
203, rue S.-Honoré.

THÉORIE DE LA STABILITÉ

DES

MACHINES LOCOMOTIVES EN MOUVEMENT

PAR

M. YVON VILLARCEAU

Extrait des Mémoires et Comptes-rendus des Travaux de la Société des Ingénieurs civils, janvier à juin 1882

PARIS

CARILIAN-GŒURY ET Ve DALMONT, LIBRAIRES-ÉDITEURS

49, QUAI DES AUGUSTINS

1882

TABLE DES MATIÈRES.

FIN DE LA TABLE DES MATIÈRES.

Rectification et supplément à l'errata.

Page 69, ligne 1 de la note : *au lieu de* B, *lisez* B_0.
Page 32, ligne 16 : *au lieu de* composants, *lisez* composantes.
Page 45, ligne 5 de la note : *au lieu de* par $2n-1$, *lisez* par $-(2n-1)$.
Page 108, ligne 4 en remontant : *au lieu de* les termes où entre θ', *lisez*
en ne considérant que les termes variables principaux qui dépendent du carré
de la vitesse angulaire, ces termes
Page 131, ligne 2 en remontant : *au lieu de* μ ou μ'', *lisez* μ' ou μ'''.

THÉORIE DE LA STABILITÉ

DES

MACHINES LOCOMOTIVES EN MOUVEMENT.

(Mémoire n° XXVI (*) de la Société des ingénieurs civils.)

1. Diverses causes concourent à la stabilité ou à l'instabilité des machines locomotives en mouvement. Parmi ces causes, il en est qui tiennent particulièrement à la distribution des masses dont se composent les organes de ces machines. Je me propose d'étudier les effets de ces dernières causes, et d'établir les conditions que doivent remplir les masses en mouvement pour que, sous ce point de vue, la stabilité des machines locomotives soit aussi grande que possible. Les conditions théoriques étant établies, il restera à examiner si elles sont toutes compatibles entre elles dans chaque système donné de locomotives, et de plus si, étant compatibles, elles sont toutes réalisables pratiquement. Nous reconnaîtrons que, dans cette dernière hypothèse, l'une des conditions établies présenterait de graves

---

(*) Ce Mémoire est un résumé de divers mémoires et notes présentés à la Société des ingénieurs civils vers la fin de 1850 et pendant l'année 1851. Nous avons cherché à en reproduire ici la substance, en réduisant la partie analytique à ce qui est strictement nécessaire pour qu'un ingénieur exercé aux opérations algébriques puisse, en effectuant celles que nous indiquerons, obtenir les résultats auxquels nous parviendrons successivement. Dans ces divers mémoires j'ai étudié d'abord les cas les plus simples, puis les cas plus compliqués. L'étendue qui m'est accordée ici me force à traiter le cas le plus général, et l'on verra s'en déduire avec la plus grande facilité les résultats qui se rapportent aux cas particuliers. Il est seulement à craindre que la complication qui en résulte nécessairement n'effraie quelques personnes ; toutefois nous devons prévenir qu'elles ne rencontreront pas de sérieuses difficultés, mais seulement des longueurs inévitables.　　　Y. V.

inconvénients, sinon des impossibilités, au point de vue du frottement et de la résistance de certaines pièces. Le manque de données sur la manière dont l'usé et autres détériorations se produisent sous l'influence des forces mises en jeu nous obligera à proposer un système d'expériences basées sur notre théorie, et sans lesquelles il est actuellement impossible d'obtenir le degré de stabilité le plus satisfaisant et présentant le moins d'inconvénients à d'autres égards.

Quelques ingénieurs anglais et allemands, M. Nollau entre autres, avaient déjà abordé cette question, lorsqu'en 1849, M. Lechatelier, ingénieur des mines, s'en est occupé de son côté. Les ingénieurs français doivent savoir gré à ce dernier des efforts persévérants qu'il a faits pour vulgariser chez nous l'emploi des contrepoids appliqués aux roues motrices des locomotives. Le succès obtenu dans les expériences faites aux chemins de fer d'Orléans et du Nord a bien vite décidé l'adoption des contrepoids sur nos lignes de chemins de fer.

A l'époque où M. Lechatelier publia son Mémoire sur la stabilité des machines locomotives, plusieurs membres de la *Société des Ingénieurs civils*, qui n'avaient pas bien saisi la théorie exposée par M. Lechatelier et qui désiraient néanmoins en faire des applications éclairées, m'engagèrent vivement à m'occuper de cette question. Des travaux scientifiques d'un autre ordre m'ont long-temps empêché de le faire, et ce n'est que depuis un an environ que j'ai été en mesure de présenter à la Société le résultat de mes premières recherches. Préalablement j'en fis part à l'un des ingénieurs du chemin du Nord, et j'appris de lui, sans surprise, que les contrepoids n'avaient pas produit tous les bons effets qu'on en avait espérés. Les mouvements que l'on se proposait de détruire ont bien à peu près disparu; mais les bandages des roues motrices s'usent encore en certains points de leur circonférence d'une manière fâcheuse. Pour faire disparaître les inconvénients de cet usé, qui atteint souvent une profondeur de 5 à 6 millimètres après un parcours de trente mille kilomètres environ, l'on est obligé de mettre les

roues sur le tour, pour en enlever les portions de la circonférence qui n'ont pas été atteintes. Il en résulte des pertes de
temps et de matière, en un mot des dépenses, que les ingénieurs
doivent chercher à éviter ou tout au moins à diminuer.

J'ai dit que j'avais appris ces choses sans en être surpris : en
effet, la théorie de M. Lechatelier, dont on fait usage, n'indique pas toutes les conditions à remplir ; il en est plusieurs
que cet ingénieur ne paraît pas avoir entrevues. Je suis porté à
croire que, si ces conditions avaient été connues, et que l'on se
fût efforcé de les réaliser en ce qu'elles offrent de réalisable,
on aurait obtenu des mouvements plus réguliers encore, et
l'usé local des bandages aurait été notablement diminué. Il ne
pourrait disparaître à peu près entièrement qu'en satisfaisant
à toutes les conditions que nous indiquons.

Cet usé local des bandages atteste, en même temps que la
théorie l'indique, une variation dans l'action que les rails
exercent sur les roues, et que réciproquement celles-ci transmettent aux rails. Si donc on pouvait parvenir à rendre ces
actions constantes ou à peu près, on comprend toute l'importance que pourrait avoir ce résultat relativement à l'établissement de la voie elle-même. Les charges sensiblement perma-
nentes étant alors plus faibles que les charges maximum qui
se produisent dans l'état actuel des locomotives, il serait possible de réduire la masse de fer employée dans la construction
de la voie, sans que la stabilité en fût diminuée. Je suis parvenu effectivement à fixer les conditions théoriques relatives
à l'invariabilité presque complète des actions qui se développent
au contact des rails et des roues.

2. Parmi les conditions dont il s'agit, il en est qui peuvent
s'obtenir très aisément par la voie synthétique. Ces conditions
dérivent de la considération du mouvement du centre de gravité de la locomotive. (J'ai présenté cette déduction à la Société
dans une communication en date du 7 mars 1851.)

Les autres conditions se tirent de la considération des moments; on les obtiendrait aussi par la même voie, mais moins aisément.

Il est extrêmement intéressant de former les expressions des inégalités qui se produisent dans les machines locomotives en mouvement ; il devient bien facile ensuite de fixer les conditions pour que ces inégalités (*) s'annulent. C'est de cette manière que j'ai procédé, en suivant la méthode analytique qui m'a paru être le moyen le plus sûr à employer dans cette recherche. En effet, il suffit d'énoncer le problème pour que sa traduction algébrique s'ensuive immédiatement. Une fois les équations écrites, la série des opérations à effectuer se trouve indiquée très clairement.

Les principes de mécanique auxquels j'ai recours sont des plus élémentaires de la dynamique. Je ne crois pas inutile de les énoncer ici : 1° *Le produit de la masse d'un élément matériel par l'accélération de sa vitesse projetée sur une droite fixe est égal à la somme des projections sur la même droite des forces qui le sollicitent;* 2° *Les actions et réactions mutuelles de deux éléments matériels sont égales et opposées.* — Je fais pourtant usage de la notion des centres de gravité, des moments des forces et des moments d'inertie ; mais il me suffit à la rigueur que l'on en comprenne les définitions.

Des deux principes que je viens d'énoncer, je déduis les transformations des théorèmes concernant le mouvement du centre de gravité et les aires, pour le cas du mouvement relatif que nous avons à envisager. Je n'ai pas cru devoir renvoyer aux traités élémentaires de mécanique, et transformer les énoncés qui se trouvent dans ces traités, attendu que la dé-

---

(*) Parmi les inégalités qui se développent durant le mouvement, il en est que négligent ordinairement les ingénieurs : ce sont celles qui dépendent de la variation de vitesse angulaire des manivelles. J'ai eu égard à ces inégalités, ce qui était facile. De cette manière, on peut aborder la discussion de l'effet des variations de vitesse angulaire et l'étude des modifications que l'on pourrait proposer de tenter dans la distribution de la vapeur pour atténuer cet effet.

monstration des énoncés transformés n'est pas plus longue que
la transformation des énoncés primitifs. Du reste, les anciens
élèves de l'École centrale ne possèdent pour la plupart aucune
notion sur le principe des aires, et il importe de leur faciliter
l'intelligence d'un théorème de mécanique sans lequel il est
impossible de calculer l'intensité des forces qui se développent
dans les machines pendant qu'elles fonctionnent, et, par suite,
de résoudre les questions qui se rattachent à leur stabilité.

3. Les machines accouplées feront l'objet de la discussion
générale ; les résultats auxquels nous parviendrons s'appliqueront encore aux machines non couplées, puisqu'il suffira d'y
faire abstraction de tout ce qu'entraîne l'accouplement des
roues. Les axes des cylindres y seront supposés inclinés par
rapport à la voie : en faisant varier l'inclinaison convenablement, les formules s'appliqueront aussi bien aux cylindres
placés à l'arrière qu'à ceux placés à l'avant de la locomotive.

Le problème étant assez compliqué, je supposerai l'axe de
la voie rectiligne, et incliné à l'horizon d'un angle quelconque.
En admettant que la solution qui serait relative à une courbure donnée de la voie ne coïncidât pas avec celle qui corres-
pondrait à une voie rectiligne, on reconnaîtra qu'il serait, sinon
impossible, du moins peu praticable de faire varier suivant la
courbure de la voie la distribution des masses en mouvement.
On voit donc qu'il faut s'en tenir à la solution correspondante
à la voie rectiligne. Disons à l'avance que cette solution est in-
dépendante de la pente de la voie, ce qu'il est facile de prévoir.

Nous serons obligés de supposer la voie rigoureusement rectiligne, c'est-à-dire que nous ferons abstraction de la flexion
des rails. Pour avoir égard à cette flexion, il serait nécessaire
de définir géométriquement la loi du contact d'un point donné
de la circonférence des roues avec les rails, comme, par exemple, cela se pourrait si les roues étaient dentées et que le rail
fût muni d'une crémaillère ; encore faudrait-il que les nombres
de dents de la roue et d'un rail fussent commensurables, et

qu'à chaque parcours de la locomotive les mêmes dents fussent toujours en contact. La solution que l'on obtiendrait serait très probablement différente de celle qui convient au cas de rails inflexibles. Or, dans la pratique, tout s'oppose à la permanence d'une pareille loi des contacts : il ne paraît pas, dès lors, qu'il y ait mieux à faire que de négliger la flexion des rails.

Nous négligerons encore les effets de la flexion des ressorts de suspension. D'ailleurs, voulût-on y avoir égard, on commencerait par obtenir une première approximation en les négligeant, et l'on se servirait des résultats obtenus pour procéder à une seconde approximation, dans laquelle on en tiendrait compte. En sorte que, si, sous ce rapport, notre travail n'est pas complet, il doit cependant être considéré comme un acheminement nécessaire à une solution plus complète.

De plus, nous admettrons que les diverses pièces qui entrent dans la composition des machines locomotives soient assez résistantes pour ne point être déformées sous l'influence des forces mutuelles ou des forces extérieures qui les sollicitent, et qu'elles ne puissent prendre d'autres mouvements relatifs que ceux qui répondent aux fonctions de chacune d'elles, de manière que, pour ces pièces, on puisse faire usage des formules qui conviennent à des corps solides.

Les locomotives sont généralement formées par la réunion de deux machines séparées, alimentées par une chaudière et un foyer communs. Le plan de juxtaposition des deux machines se nomme plan méridien. Sauf les exceptions que nous allons indiquer, nous supposerons les deux machines symétriques quant à la distribution des masses par rapport au plan méridien, à cela près que l'angle des manivelles sera constamment droit. Il sera plus simple de considérer comme une seule pièce l'ensemble d'une roue et du contrepoids dont elle pourra être munie : ce sera une roue dont le centre de gravité n'est pas situé sur l'axe. Cet organe pourra, suivant les cas, être ou ne pas être assujetti à la loi de symétrie (les roues seules pourront faire exception à cette loi) ; mais, cependant, nous supposerons égales les masses des roues et contrepoids portées sur le même essieu, et aussi les distances de leurs centres de gravité au plan méridien.

Il sera également nécessaire, pour la simplification des calculs, d'admettre, comme cela a presque toujours lieu, que chacun des organes mobiles, ou chaque partie géométriquement distincte d'un de ces organes, sont formés de deux parties symétriques par rapport aux plans parallèles au plan méridien qui passent par leurs centres de gravité.

Nous disons *partie distincte* d'un organe mobile parce que, par exemple, on ne pourrait pas, dans certaines équations, concentrer les masses d'une manivelle et de son bouton à leur centre commun de gravité, et qu'il faut, dans ces équations, écrire un terme pour la manivelle et un autre pour le bouton : ces parties distinctes d'un même organe satisfont, en effet, individuellement à la condition de symétrie qui vient d'être énoncée. Toujours dans le même but de simplification, on admettra que les centres de gravité des organes mobiles sont, en outre, situés sur leurs axes de figure. Ainsi, le centre de gravité d'une manivelle sera situé sur une perpendiculaire commune à l'axe de l'essieu et du bouton ou manneton de la manivelle. Le centre de gravité de la bielle se trouvera sur la droite qui joint le centre du manneton et celui de la tête du piston. Le centre de gravité d'une bielle d'accouplement sera situé sur la perpendiculaire commune aux axes des boutons des manivelles d'accouplement, etc.

Les masses en mouvement qui produisent les effets les plus sensibles sont les bielles, manivelles, pistons et roues munies de contrepoids. Les faibles masses, ou plus encore les faibles vitesses des organes de distribution de l'eau et de la vapeur, rendent leurs effets moins importants. Aussi, dans la question qui nous occupe, néglige-t-on les mouvements de ces organes. Nous aurions cherché à en tenir compte si les modes de transmission du mouvement dans ces derniers systèmes ne présentaient pas des variétés extrêmement nombreuses. Il serait impossible d'établir des formules générales qui s'appliquassent directement à ces divers systèmes. Pour cette raison, nous n'en avons pas tenu plus de compte que ne l'ont fait nos prédécesseurs. Au reste, le calcul que nous exposerons, en ce qui concerne les bielles, manivelles, pistons et roues munies de contrepoids, pourra servir de guide à ceux qui voudraient avoir égard au mouvement de pièces autres que celles-ci. Nous rangerons donc les organes de distribution de l'eau et de la vapeur dans la catégorie des *pièces fixes*, et disons de suite que, pour la symétrie des calculs, nous nommerons *demi-ensemble des pièces fixes* l'ensemble de ces pièces qui sont situées d'un même côté du plan méridien.

Toutes ces restrictions ou conventions étant préalablement établies, nous allons dire actuellement comment nous envisageons le problème de la stabilité des machines locomotives en mouvement.

DONNÉES ET ÉNONCÉ DU PROBLÈME.

4. Les données du problème consistent dans les conditions auxquelles doit être soumise toute locomotive, savoir, que *les parties relativement fixes de cet appareil, le bâti, par exemple, conservent un mouvement rectiligne, et, sinon uniforme, du moins aussi près de l'être qu'il est possible de le faire.*

Ces conditions, on le prévoit, impliquent certaines relations entre les forces extérieures qui sollicitent la locomotive et les vitesses et variations de vitesse des masses en mouvement. Théoriquement, on pourrait imaginer des dispositions de rails ou de guides présentant une résistance en quelque sorte illimitée, et telle que le mouvement rectiligne serait assuré dans tous les cas. Mais, dans la réalité, les rails ne doivent point être assujettis à présenter d'aussi grandes résistances; les boudins des roues ne doivent point être utilisés d'une manière permanente pour éviter les déviations latérales. Les relations dont nous venons de parler, étant supposées formées, donneraient la mesure des réactions que doivent opposer les rails dans tous

les sens, et, s'ils étaient effectivement incapables de les produire, on en conclurait que le mouvement rectiligne ne saurait être maintenu. Par exemple, la limite de la composante
horizontale des réactions dans le sens perpendiculaire à la voie
serait le produit de la composante verticale par le coefficient
du frottement de glissement ; les limites de la composante verticale seraient l'une zéro, l'autre égale à la résistance du rail
à la rupture, etc.

Voici maintenant comment le problème à résoudre nous paraît pouvoir être énoncé : *Les conditions relatives au mouvement rectiligne étant censées remplies, trouver les conditions sous
lesquelles les réactions exercées par les rails non seulement restent beaucoup au-dessous de leurs limites, mais se maintiennent
aussi constantes que possible, quelles que soient la situation des
manivelles, la vitesse et les variations de la vitesse.*

La dernière partie de cet énoncé montre que la solution
complète du problème devrait avoir pour conséquence de diminuer très notablement l'usé local des bandages, et de per-
mettre la construction de la voie avec des rails moins résistants
que ceux en usage aujourd'hui.

Les conditions qu'il s'agit de rechercher conduiraient, ainsi
que nous le verrons, à l'usage des contrepoids, si la pratique
n'en avait pas déjà montré la nécessité. Elles comprendront
celles que l'on connaît aujourd'hui pour le cas des cylindres
horizontaux, et qui sont relatives aux mouvements de *tangage*
et de *lacet*, et, de plus, les conditions relatives aux *oscillations
normales* au plan de la voie, au mouvement de *roulis* et de *galop*, conditions que l'on n'avait pas fait connaître jusqu'ici.

L'exposé de ces diverses conditions est l'objet principal de
ce Mémoire. Nous pensons pouvoir nous dispenser de rechercher les limites des réactions des rails : en effet, ces réactions,
si les précédentes conditions étaient satisfaites, différeraient
peu de celles qui auraient lieu au repos, sous l'influence du poids
de la locomotive et de la force de traction transmise au convoi.
Elles n'intéressent que la pose et la résistance des rails. Ajou-

tons que, dans l'hypothèse où ces conditions seraient remplies, l'établissement de la voie pourrait être pratiqué en faisant, à très peu près, abstraction du mouvement de la locomotive, si ce n'est pour parer aux chances de déraillement provenant de causes fortuites.

PRINCIPES A APPLIQUER POUR LA SOLUTION DU PROBLÈME.

5. Les termes du problème étant acceptés, voyons maintenant comment il convient de l'aborder. Notre énoncé conduit à des conséquences que nous exposerons tout d'abord. — Si les réactions des rails dans tous les sens doivent être constantes durant le mouvement, il suit nécessairement que la somme des composantes de ces réactions, parallèles à une droite de direction quelconque, doit être constante, et que la somme des moments de ces réactions par rapport à un axe quelconque doit l'être pareillement. Or la théorie des projections montre que, pour qu'il en soit ainsi, il faut et il suffit que ces conditions soient remplies à l'égard de trois axes rectangulaires. Nous sommes donc conduits à former les expressions des trois sommes des composantes parallèles à trois axes rectangulaires et des moments autour de ces axes, puis à en tirer les conditions propres à annuler les parties variables de ces expressions.

Voici une autre manière d'envisager la question. Étant donnés les mouvements relatifs des organes de la machine et le mouvement rectiligne de translation du bâti, on se propose de rendre constante chacune des trois composantes des réactions développées par les rails. — Les équations du mouvement du centre de gravité de la locomotive, et celles des aires ou des moments, sont au nombre de six seulement ; et les principes généraux de la mécanique ne peuvent point en fournir d'autres (*)

(*) On doit remarquer que l'équation des forces vives servirait seulement à déterminer le mouvement du système, mouvement que nous supposons donné. C'est pour cela que nous n'avons point à faire usage du principe des forces vives.

entre les composantes, lorsque, comme ici, l'on fait abstraction complète de l'élasticité du bâti et de celle des ressorts de
suspension. Cette dernière, du reste, disons-le en passant,
n'aura d'effet sensible que sur les composantes normales au
plan de la voie. Or le nombre des composantes, ou plutôt le
nombre des groupes de composantes réductibles à une seule,
est de beaucoup supérieur à six, et la détermination de leurs
valeurs individuelles présente une difficulté théorique analo-
gue à celle de la répartition des pressions exercées sur un plan
horizontal par un corps solide en repos qui s'appuie par plus
de trois points.

Toutefois, concevons que l'on joigne à ces six équations un
nombre suffisant de relations arbitraires entre les composantes:
on pourra tirer de l'ensemble des équations la valeur de chacune de ces composantes. Les relations arbitraires dont nous
parlons dépendent en réalité de l'élasticité des pièces de la locomotive et de l'état accidentel de la voie; sous ce dernier rapport elles pourront varier d'une manière discontinue d'un
instant à l'autre. Mais si on les considère comme absolument
arbitraires, et que l'on observe que la solution cherchée doit
rester la même quels que soient les changements que ces relations viennent à subir, la solution cherchée devra convenir
au cas où les relations arbitraires seraient indépendantes des
variables qui entrent dans les expressions des trois sommes des
composantes parallèles aux trois axes coordonnés et des sommes des moments autour de ces axes. Dans ce cas, les valeurs
des composantes individuelles que l'on tirera de la résolution
de l'ensemble des équations ne contiendront pas de nouvelles
fonctions de ces variables. Donc une condition nécessaire pour
l'invariabilité des composantes individuelles des réactions exercées par les rails est l'anéantissement des termes variables qui
entrent dans les seconds membres des équations du mouvement
du centre de gravité et des moments, comme nous l'avons
trouvé ci-dessus. Et cette condition suffira lorsque les relations
arbitraires n'introduiront pas elles-mêmes de termes variables,

mais ces relations sont étrangères à la constitution essentielle de la locomotive dans l'hypothèse de la rigidité absolue.

La discussion purement analytique à laquelle nous venons de nous livrer nous a obligés à employer le mot *arbitraire*, qui ne peut être remplacé par aucun autre dans le langage algébrique. Il convient de montrer que les relations arbitraires dont il est question répondent en réalité à des circonstances étrangères à la constitution géométrique de la locomotive. En effet, la répartition de la charge d'une locomotive sur chacune des six roues est produite par un serrage des ressorts de suspension qui reste arbitraire entre des limites assez étendues. D'un autre côté, il existe pour chaque roue une relation entre la composante horizontale perpendiculaire à la voie, la composante normale et le coefficient de frottement, relation qui dépend de l'inclinaison de la tangente commune aux courbes de contact de la jante et du rail, et aussi du sens dans lequel le glissement sur cette tangente tend à se produire. Or cette relation est purement accidentelle.

Nous pourrions ajouter que, suivant l'inclinaison relative des tangentes de contact qui répondent à deux roues montées sur le même essieu, l'élasticité des essieux et des roues joue un certain rôle. Ces diverses circonstances accidentelles et celles qui se rattachent au serrage arbitraire des ressorts de suspension répondent donc bien à ce que nous avons désigné dans le langage algébrique sous la dénomination de *relations arbitraires*.

Enfin nous aurions pu couper court à cette discussion en disant que l'hypothèse de solidité absolue et de rails rectilignes ne nous fournit pas d'autres relations que les six équations du mouvement du centre de gravité et des moments.

MISE EN ÉQUATION.

6. D'après ce qui a été dit dans le numéro précédent, nous avons à former les expressions des sommes des réactions produites par les rails décomposées suivant trois axes rectangu-

laires et des moments de ces réactions par rapport aux mêmes axes. À cet effet, soient :

m, l'un des éléments matériels dont se compose la locomotive ;

x', y', z', les coordonnées de m, rapportées à trois axes rectangulaires entraînés avec la locomotive : l'axe des x' (fig. 1

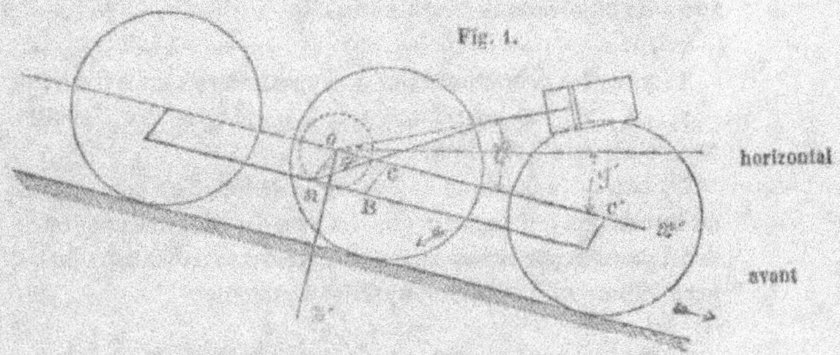

étant une droite située dans le plan méridien et passant par l'axe de l'essieu moteur principal, dont le côté positif est dirigé dans le sens positif du mouvement de translation ; l'axe des y' étant horizontal, perpendiculaire au plan méridien, et coupant l'axe des x' en un point quelconque, que nous particulariserons suivant les cas (*) ; l'axe des z', situé dans le plan mé-

---

(*) Nous essayons d'embrasser ici la plus grande généralité possible. Afin que nos formules s'appliquent à certaines machines employées au chemin du Nord, nous admettrons que le mouvement ne soit pas communiqué directement à la manivelle des roues motrices principales. Dans ces machines, l'une des extrémités de la bielle agit en un point M de la bielle d'accouplement, et le mouvement est communiqué aux roues motrices par un bouton B. Or tous les points des bielles d'accouplement décrivent des cercles égaux à celui que décrit le point B ; les centres de ces cercles sont d'ailleurs dans le plan CC' des axes des essieux moteurs ; il s'ensuit que le point M décrit un cercle de rayon $OM = CB$, et dont le centre O est distant du centre C de la roue motrice du milieu d'une quantité $OC = MB$. C'est ce point O que nous prendrons pour origine des coordonnées. Pour que nos formules s'appliquent aux autres machines, il suffira d'y égaler à zéro la distance OC.

ridien, perpendiculairement aux deux premiers, et passant par leur point d'intersection, aura son côté positif dirigé en bas.

D'autre part, nous rapporterons le mouvement absolu de m à trois axes rectangulaires fixes; l'axe des x sera parallèle à l'axe de la voie, son côté positif étant dans le sens positif du mouvement; l'axe des y, perpendiculaire à l'axe de la voie et horizontal; l'axe des z, perpendiculaire au plan de la voie, son côté positif étant dirigé en bas.

Soient :

x, y, z, les coordonnées de m rapportées aux axes fixes;

x_0, y_0, z_0, les coordonnées de l'origine des axes mobiles rapportées aux axes fixes.

Le bâti de la machine ne devant posséder qu'un mouvement de translation, il s'ensuit que les axes mobiles doivent rester constamment parallèles aux axes fixes. Les conditions de ce parallélisme sont exprimées par les équations

$$\left. \begin{aligned} x &= x_0 + x', \\ y &= y_0 + y', \\ z &= z_0 + z'. \end{aligned} \right\} \quad (1)$$

Les conditions pour que l'origine des coordonnées mobiles décrive une droite parallèle à la voie sont :

$$\left. \begin{aligned} y_0 &= \text{const.}, \\ z_0 &= \text{const.} \end{aligned} \right\} \quad (2)$$

Enfin la condition de l'uniformité du mouvement de translation serait $\dfrac{dx_0}{dt} = \text{const.}$ ou $\dfrac{d^2x_0}{dt^2} = 0$, dt désignant l'élément différentiel du temps. Cette dernière condition est difficile, sinon impossible à remplir exactement. L'équation des forces vives montre en effet que la variation de la vitesse de translation dépend du mode de distribution de la vapeur, des mouvements verticaux tant absolus que relatifs, du degré de tension des ressorts qui transmettent l'effort de traction aux wagons, etc.

Nous aurons égard aux conditions exprimées par les équations (1) et (2), mais nous ne nous astreindrons pas à satisfaire à la dernière condition. Nous regarderons donc la quantité $\frac{d^2x_o}{dt^2}$ comme n'étant pas nulle, et nous nous bornerons à disposer autant que possible des coefficients de cette quantité, qui ne peut être constante, mais seulement périodique après un certain temps de marche, de manière que les termes des équations du mouvement du centre de gravité et des moments qui en sont affectés soient toujours très petits ou même nuls. La discussion de l'équation des forces vives pourrait être ensuite appliquée à la recherche des conditions que doit remplir l'appareil de distribution de la vapeur pour rendre minimum les plus grandes valeurs absolues de $\frac{d^2x_o}{dt^2}$, lorsque la vitesse moyenne que l'on veut maintenir est atteinte.

ÉQUATIONS DU MOUVEMENT DU CENTRE DE GRAVITÉ
OU DE TRANSLATION.

7. Soient X, Y, Z, les sommes des composantes parallèles aux axes des x, y, z, des forces tant mutuelles qu'extérieures qui sollicitent la masse élémentaire m. Le premier principe fondamental de la dynamique, rappelé au n° 2, donne

$$X = m \frac{d^2x}{dt^2} \quad (*).$$

et, en vertu des équations (1),

$$X = m \frac{d^2x_o}{dt^2} + m \frac{d^2x'}{dt^2}. \tag{3}$$

Si l'on fait la somme Σ de semblables équations relatives à toutes les masses m dont se compose la locomotive, et que l'on

---

(*) Pour faciliter la lecture de ce Mémoire aux anciens élèves de l'École centrale qui ne connaîtraient pas les dérivées différentielles d'ordres supérieurs au premier, nous devons avertir que la notation $\frac{d^2z}{dt^2}$ n'est autre chose que $\frac{d\left(\frac{dz}{dt}\right)}{dt}$ ou $\frac{d^2z}{dt}$ en employant la notation de M. Bellanger.

observe que $\dfrac{d^2 x_o}{dt^2}$ est le même pour toutes ces masses, il vient

$$\Sigma X = \frac{d^2 x_o}{dt^2} \Sigma m + \Sigma m \frac{d^2 x'}{dt^2}. \tag{4}$$

On doit remarquer qu'en vertu du 2e principe fondamental, rappelé au n° 2, celui de l'égalité entre l'action et la réaction, les composantes des forces mutuelles se détruisent deux à deux comme égales et opposées dans le premier membre de l'équation (4), en sorte que la somme ΣX ne contient plus que les composantes des actions extérieures à la locomotive.

La considération du mouvement projeté sur les axes des y et des z fournirait deux équations pareilles; seulement, on observera que les équations (2) donnent

$$\frac{d^2 y_o}{dt^2} = 0, \quad \frac{d^2 z_o}{dt^2} = 0. \tag{5}$$

On aura donc simplement

$$\left.\begin{aligned}
\Sigma Y &= \Sigma m \frac{d^2 y'}{dt^2}, \\
\Sigma Z &= \Sigma m \frac{d^2 z'}{dt^2}.
\end{aligned}\right\} \tag{6}$$

Nous allons faire subir aux équations (4) et (6) quelques faciles transformations.

Soit v la vitesse de translation de l'origine des coordonnées mobiles, on aura

$$\frac{d x_o}{dt} = v, \quad \frac{d^2 x_o}{dt^2} = \frac{dv}{dt}. \tag{7}$$

Soient d'autre part :

α l'angle de la manivelle située du côté des y positifs avec l'axe du piston, et mesuré du côté des x positifs vers le côté positif de l'axe des z;

R le rayon des roues motrices.

En supposant que ces roues ne glissent pas, on aura

$$x_o = \text{const.} + \alpha R;$$

d'où

$$\frac{d^2 x_a}{dt^2} = R \frac{d^2 \alpha}{dt^2} = \frac{dv}{dt}. \tag{8}$$

Actuellement, menons, par le centre de gravité de chacun des organes de la locomotive, trois axes rectangulaires parallèles aux axes fixes ou mobiles.

Soient : ξ, η, ζ, les coordonnées de la masse m par rapport à ces axes ;

M la masse entière de l'organe considéré ;

x, y, z, les coordonnées du centre de gravité de M par rapport aux axes mobiles liés au bâti de la locomotive : on aura

$$\left. \begin{aligned} x' &= x + \xi, \\ y' &= y + \eta, \\ z' &= z + \zeta, \end{aligned} \right\} \tag{9}$$

et, relativement au même organe,

$$\Sigma m = M, \quad \Sigma m \xi = o, \quad \Sigma m \eta = o, \quad \Sigma m \zeta = o, \tag{10}$$

en vertu de la définition du centre de gravité.

Il s'ensuit, en ne considérant qu'un seul organe,

$$\left. \begin{aligned} \Sigma m x' &= Mx, \\ \Sigma m y' &= My, \\ \Sigma m z' &= Mz, \end{aligned} \right\} \tag{11}$$

On observera encore que, tous les points de la machine étant assujettis à se mouvoir dans des plans parallèles au plan des xz, les coordonnées y', y et η, sont des constantes, relativement au temps, pour toutes les masses m ; d'où il suit généralement

$$\frac{d^2 y'}{dt^2} = o, \quad \Sigma m \frac{d^2 y'}{dt^2} = o. \tag{12}$$

(Ceci ne serait pas toujours vrai pour les molécules d'eau ou de vapeur qui peuvent être entraînées dans des trajectoires non situées dans des plans verticaux, ou non symétriques, à un instant donné, par rapport au plan méridien ; mais, vu leurs faibles masses, nous ferons abstraction du mouvement de l'eau et de la vapeur.)

Enfin, nous distinguerons dans les premiers membres des équations (4) et (6) les termes qui répondent au poids des pièces.

Soient : g le poids de l'unité de masse ;

g' la pente de la voie, que, pour fixer les idées, nous supposerons positive dans le cas du mouvement direct descendant, et négative dans l'autre cas ; les composantes du poids de m suivant les trois axes seront respectivement

$$mg\sin g', \quad \text{o}, \quad mg\cos g'.$$

La masse entière de la locomotive pourra être désignée par ΣM.

En convenant que les sommes ΣX, ΣY, ΣZ, ne comprendront pas les composantes des poids des pièces, on voit qu'il faudra remplacer la première et la dernière par

$$\Sigma X + g\sin g' \Sigma M \quad \text{et} \quad \Sigma Z + g\cos g' \Sigma M.$$

En vertu de ce qui vient d'être établi ou convenu, les équations (4) et (6) deviendront

$$\left.\begin{aligned}
\Sigma X &= -g\sin g' \Sigma M + \frac{dv}{dt}\Sigma M + \Sigma M \frac{d^2x}{dt^2}, \\
\Sigma Y &= \text{o}, \\
\Sigma Z &= -g\cos g' \Sigma M + \Sigma M \frac{d^2z}{dt^2}.
\end{aligned}\right\} \quad (13)$$

On eût pu poser immédiatement ces équations en invoquant l'un des principes élémentaires de la théorie des forces apparentes dans les mouvements relatifs ; mais nous avions besoin de poser plusieurs des équations qui nous ont servi à les établir.

ÉQUATIONS DES MOMENTS OU DES AIRES.

8. Reprenons l'équation (3) et joignons-y une équation pareille relativement à l'axe des y :

$$X = m\frac{d^2x_0}{dt^2} + m\frac{d^2x'}{dt^2},$$

$$Y = m\frac{d^2y_0}{dt^2} + m\frac{d^2y'}{dt^2}.$$

Multiplions la première de ces équations par y' et la seconde par x', puis retranchons le premier résultat du second, il viendra

$$Yx' - Xy' = m\left(x'\frac{d^2 y_o}{dt^2} - y'\frac{d^2 x_o}{dt^2}\right) + m\left(x'\frac{d^2 y'}{dt^2} - y'\frac{d^2 x'}{dt^2}\right).$$

Si nous supposons formées autant d'équations pareilles qu'il y a de masses m dans le système et que nous les ajoutions, nous aurons, en ayant égard aux facteurs communs,

$$\Sigma(Yx' - Xy') = \frac{d^2 y_o}{dt^2}\Sigma mx' - \frac{d^2 x_o}{dt^2}\Sigma my' + \Sigma m\left(x'\frac{d^2 y'}{dt^2} - y'\frac{d^2 x'}{dt^2}\right). \quad (14)$$

D'autres combinaisons du même genre, ou l'emploi des permutations tournantes, donneront

$$\left.\begin{aligned}\Sigma(Zy' - Yz') &= \frac{d^2 z_o}{dt^2}\Sigma my' - \frac{d^2 y_o}{dt^2}\Sigma mz' + \Sigma m\left(y'\frac{d^2 z'}{dt^2} - z'\frac{d^2 y'}{dt^2}\right) \\ \Sigma(Xz' - Zx') &= \frac{d^2 x_o}{dt^2}\Sigma mz' - \frac{d^2 z_o}{dt^2}\Sigma mx' + \Sigma m\left(z'\frac{d^2 x'}{dt^2} - x'\frac{d^2 z'}{dt^2}\right)\end{aligned}\right\} \quad (15)$$

Les premiers membres des équations (14) et (15) sont les sommes des moments des forces qui sollicitent les diverses masses m par rapport aux axes mobiles des z, x et y. Il est important de remarquer que les forces mutuelles disparaissent ici comme dans les équations de translation. En effet ces forces donnent lieu à des moments égaux et de sens contraire deux à deux, qui se détruisent dans les sommes. De cette manière on ne doit avoir égard qu'aux moments des forces extérieures. Ainsi, les équations des moments, comme celles de translation, se trouvent être indépendantes explicitement des forces intérieures, qui répondent ici à la tension de la vapeur, aux frottements d'axe, etc.

On pourra remarquer que les équations des moments relatives à des axes mobiles assujettis à rester constamment parallèles à des directions données ne diffèrent des équations relatives à des axes fixes de mêmes directions que par la présence des deux premiers termes des seconds membres des équations (14) et (15). Ces termes peuvent disparaître dans deux circonstances distinctes : 1° lorsque l'on a $\Sigma mx' = 0$, $\Sigma my' = 0$, $\Sigma mz' = 0$, c'est-à-dire lorsque l'origine des coordonnées mobiles coïncide avec le centre de gravité du système ; 2° lorsque l'on a $\frac{d^2x_0}{dt^2} = 0$, $\frac{d^2y_0}{dt^2} = 0$, $\frac{d^2z_0}{dt^2} = 0$, c'est-à-dire dans les cas où le mouvement de l'origine des axes mobiles est uniforme.

Les derniers termes des seconds membres, et qui les forment à eux seuls dans les deux cas que nous venons de mentionner, sont susceptibles d'une double interprétation que nous allons présenter ici. Considérons par exemple le dernier terme de la dernière équation des moments ; ce terme pourra s'écrire :

$$\Sigma m \frac{d\left(z' \frac{dx'}{dt} - x' \frac{dz'}{dt}\right)}{dt},$$

ce dont on s'assurera en effectuant la différentiation indiquée ici. On peut encore l'écrire comme il suit :

$$\frac{d\Sigma\left(m \frac{dx'}{dt} z' - m \frac{dz'}{dt} x'\right)}{dt}.$$

Or $m \frac{dx'}{dt}$ est la quantité de mouvement de m projetée sur l'axe des x, et $m \frac{dx'}{dt} z'$ est le moment par rapport à l'axe des y de cette quantité de mouvement projetée, moment dont le sens est celui de z vers x. Le terme suivant, en ayant égard au signe dont il est précédé, est le moment de la quantité de mouvement projetée sur l'axe des z par rapport à l'axe des y et de même sens que le précédent. La somme des deux termes est donc égale au moment de la quantité de mouvement de m par rapport à l'axe des y. Observons maintenant que les moments des forces contenus dans le premier membre de la seconde équation (15) sont relatifs à l'axe des y et de même sens que les précédents. Il en résulte que la même équation, dans les cas où le second membre se réduit à son dernier terme, peut s'énoncer ainsi :

La somme des moments des forces extérieures par rapport à un axe donné est égale à la différentielle de la somme des moments des quantités de mouvement par rapport au même axe, divisée par la différentielle du temps.

Cet énoncé justifie la dénomination de théorème des moments sous laquelle on désigne l'équation que nous venons de considérer.

Voici la seconde interprétation, qui nous sera utile dans un instant.

Soient (fig. 2) : ρ' la projection de la distance de m à l'ori-

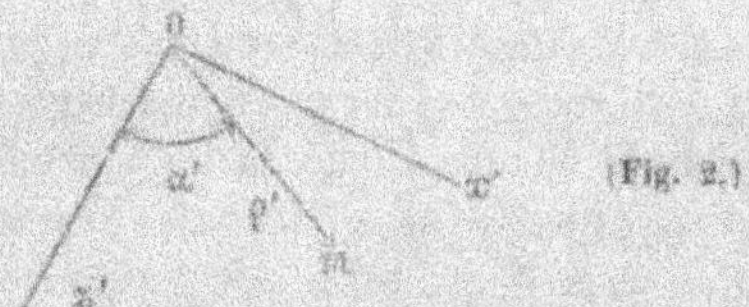

(Fig. 2.)

gine des coordonnées, ou le rayon vecteur de m projeté sur le plan des zx;

α' l'angle de cette projection avec l'axe des z compté de z vers x ou dans le sens adopté des moments positifs : on aura

$$z' = \rho'\cos\alpha',$$
$$x' = \rho'\sin\alpha';$$

d'où

$$\frac{dz'}{dt} = -\rho'\sin\alpha'\frac{d\alpha'}{dt} + \cos\alpha'\frac{d\rho'}{dt},$$
$$\frac{dx'}{dt} = +\rho'\cos\alpha'\frac{d\alpha'}{dt} + \sin\alpha'\frac{d\rho'}{dt};$$

il s'ensuit, toutes réductions faites,

$$z'\frac{dx'}{dt} - x'\frac{dz'}{dt} = \rho'^2\frac{d\alpha'}{dt}.$$

On a donc

$$\Sigma m\left(z'\frac{d^2x'}{dt^2} - x'\frac{d^2z'}{dt^2}\right) = \frac{d.\Sigma m\rho'^2\frac{d\alpha'}{dt}}{dt}. \qquad (15\ bis)$$

Mais $\rho'^2 d\varepsilon'$ est le double de l'aire décrite par la projection du rayon vecteur pendant l'instant dt, dans le sens des moments positifs ; $\rho'^2 \dfrac{d\varepsilon'}{dt}$ est le double de l'aire décrite en projection par unité de temps à l'instant considéré : donc le terme en question est égal à la différentielle de la somme des produits de chaque masse et de l'aire décrite pendant l'unité de temps par le rayon vecteur projeté, divisée par la différentielle du temps.

D'un autre côté, l'un des moments qui entrent dans le 1er membre de la 2e éq. (15) est égal à la force projetée sur le plan des zx, multipliée par la perpendiculaire abaissée de l'origine des coordonnées sur la direction de la force projetée ; en représentant cette projection par une ligne, le moment de la force sera représenté par le double de l'aire d'un triangle ayant son sommet à l'origine des coordonnées et ayant pour base la projection de la force ; cette aire devant être prise positivement ou négativement, suivant le sens du moment. Lors donc que les seconds membres de nos équations peuvent être réduits à leurs derniers termes, on énonce ces équations de la manière suivante :

La somme des aires des triangles qui ont pour sommet commun l'origine des coordonnées, et pour bases les projections des forces extérieures sur un plan donné, est égale à la différentielle de la somme des produits de chaque masse et de l'aire décrite pendant l'unité de temps par le rayon vecteur projeté sur le même plan, divisée par la différentielle du temps.

Cet énoncé explique la dénomination de principe des aires.

Ajoutons que les équations des moments ou des aires s'appellent encore équations du mouvement rotatoire.

On n'aura pas besoin de se préoccuper de retenir les énoncés précédents, attendu que nous ne ferons usage que des équations elles-mêmes.

9. Nous allons opérer dans les équations (14) et (15) les réductions qui résultent immédiatement des relations (2), (7)

et (12) ; il viendra ainsi

$$\Sigma(Yx' - Xy') = -\frac{dv}{dt}\Sigma my' - \Sigma my'\frac{d^2x'}{dt^2}$$

$$\Sigma(Zy' - Yz') = \Sigma my'\frac{d^2z'}{dt^2} \qquad\qquad (16)$$

$$\Sigma(Xx' - Zx') = +\frac{dv}{dt}\Sigma mz' + \Sigma m\left(z'\frac{d^2x'}{dt^2} - x'\frac{d^2z'}{dt^2}\right)$$

Une conséquence de la symétrie admise au n° 3 , et de ce que nous négligeons le mouvement des molécules d'eau et de vapeur, est que l'on a, relativement à la masse entière de la locomotive,

$$\Sigma my' = 0. \qquad\qquad (17)$$

En vertu des équations (9) et suivantes, le produit $y'\frac{d^2x'}{dt^2}$ devient

$$(y+\eta)\left(\frac{d^2x}{dt^2} + \frac{d^2\xi}{dt^2}\right) = y\frac{d^2x}{dt^2} + y\frac{d^2\xi}{dt^2} + \eta\frac{d^2x}{dt^2} + \eta\frac{d^2\xi}{dt^2};$$

d'où, en multipliant par m et faisant la somme étendue à l'un des organes de la machine,

$$\Sigma my'\frac{d^2x'}{dt^2} = y\frac{d^2x}{dt^2}\Sigma m + y\Sigma m\frac{d^2\xi}{dt^2} + \frac{d^2x}{dt^2}\Sigma m\eta + \Sigma m\eta\frac{d^2\xi}{dt^2},$$

ou bien, à cause de $\Sigma m = M$, $\Sigma m\frac{d^2\xi}{dt^2} = 0$, $\Sigma m\eta = 0$,

$$\Sigma my'\frac{d^2x'}{dt^2} = My\frac{d^2x}{dt^2} + \Sigma m\eta\frac{d^2\xi}{dt^2}.$$

Le terme $\Sigma m\eta\frac{d^2\xi}{dt^2}$ peut être regardé comme nul dans les locomotives. En effet, il est nul d'abord pour les pièces fixes ; quant aux pièces mobiles ou *parties distinctes* d'un organe mobile, dont nous avons parlé au n° 3, ces pièces sont symétriques par rapport à un plan vertical passant par leur centre de gravité, en sorte qu'il existe toujours deux masses m égales pour lesquelles $\frac{d^2\xi}{dt^2}$ ayant la même valeur, les ordonnées η sont égales et de signes contraires.

Si nous convenons comme plus haut de séparer, parmi les forces, celles qui proviennent de l'action de la pesanteur, le terme — $\Sigma Xy'$ devrait être changé en — $\Sigma Xy' - g\sin q'\,\Sigma my'$; mais nous avons déjà trouvé $\Sigma my' = o$ pour la masse entière de la locomotive. En étendant maintenant les sommes Σ au système entier, la première équation (16) deviendra

$$\Sigma(Yx' - Xy') = -\Sigma My\,\frac{d^2x}{dt^2}. \tag{18}$$

Passons à la 2e équation (16). Le facteur $y'\dfrac{d^2z'}{dt^2}$ devient, en vertu des équations (9),

$$(y+\eta)\left(\frac{d^2z}{dt^2}+\frac{d^2\zeta}{dt^2}\right) = y\frac{d^2z}{dt^2}+y\frac{d^2\zeta}{dt^2}+\eta\frac{d^2z}{dt^2}+\eta\frac{d^2\zeta}{dt^2}.$$

Multiplions par m, et faisons, comme plus haut, la somme étendue seulement à la masse de l'un des organes, il vient

$$\Sigma my'\frac{d^2z'}{dt^2} = y\frac{d^2z}{dt^2}\Sigma m + y\,\Sigma m\frac{d^2\zeta}{dt^2}+\frac{d^2z}{dt^2}\Sigma m\eta + \Sigma m\eta\frac{d^2\zeta}{dt^2};$$

ou encore, à cause de $\Sigma m = M$, $\Sigma m\dfrac{d^2\zeta}{dt^2} = o$, $\Sigma m\eta = o$,

$$\Sigma my'\frac{d^2z'}{dt^2} = My\frac{d^2z}{dt^2}+\Sigma m\eta\frac{d^2\zeta}{dt^2}.$$

La remarque faite tout à l'heure à l'égard de $\Sigma m\eta\dfrac{d^2\zeta}{dt^2}$ s'applique à $\Sigma m\eta\dfrac{d^2\zeta}{dt^2}$ qui s'annule par les mêmes motifs.

Le terme $\Sigma Zy'$, qui devrait être changé en $\Sigma Zy' + g\cos q'\,\Sigma my'$, se réduit à $\Sigma Zy'$ lorsqu'on l'applique à la locomotive entière.

Étendons les sommes Σ au système entier, la seconde équation (16) deviendra

$$\Sigma(Zy' - Yz') = +\Sigma My\,\frac{d^2z}{dt^2}. \tag{19}$$

Il reste à transformer la 3e équation (16).

La partie du facteur $\Sigma mz'$ qui se rapporte à un organe de la locomotive est évidemment Mz. Quant au dernier terme, il vient, en vertu des équations (9),

$$(z+\zeta)\left(\frac{d^2x}{dt^2}+\frac{d^2\xi}{dt^2}\right)-(x+\xi)\left(\frac{d^2z}{dt^2}+\frac{d^2\zeta}{dt^2}\right)=$$

$$=+z\frac{d^2x}{dt^2}-x\frac{d^2z}{dt^2}+\zeta\frac{d^2x}{dt^2}-\xi\frac{d^2z}{dt^2}$$

$$+z\frac{d^2\xi}{dt^2}-x\frac{d^2\zeta}{dt^2}+\zeta\frac{d^2\xi}{dt^2}-\xi\frac{d^2\zeta}{dt^2}.$$

En multipliant par m et faisant la somme étendue à l'un des organes de la locomotive, il vient

$$\Sigma m\left(z'\frac{d^2x'}{dt^2}-x'\frac{d^2z'}{dt^2}\right)=\left(z\frac{d^2x}{dt^2}-x\frac{d^2z}{dt^2}\right)\Sigma m+\frac{d^2x}{dt^2}\Sigma m\zeta-\frac{d^2z}{dt^2}\Sigma m\xi$$

$$+z\Sigma m\frac{d^2\xi}{dt^2}-x\Sigma m\frac{d^2\zeta}{dt^2}+\Sigma m\left(\zeta\frac{d^2\xi}{dt^2}-\xi\frac{d^2\zeta}{dt^2}\right),$$

ou bien,

à cause de $\Sigma m=\mathrm{M}$, $\Sigma m\zeta=0$, $\Sigma m\xi=0$, $\Sigma m\frac{d^2\xi}{dt^2}=0$, $\Sigma m\frac{d^2\zeta}{dt^2}=0$,

$$\Sigma m\left(z'\frac{d^2x'}{dt^2}-x'\frac{d^2z'}{dt^2}\right)=\mathrm{M}\left(z\frac{d^2x}{dt^2}-x\frac{d^2z}{dt^2}\right)+\Sigma m\left(\zeta\frac{d^2\xi}{dt^2}-\xi\frac{d^2\zeta}{dt^2}\right).$$

Le dernier terme de cette expression doit encore être transformé. Soient : ρ'' la projection sur le plan des zx, de la distance de m à l'origine des coordonnées mobiles qui passent par le centre de gravité de M, ou bien la distance de m à l'axe des y, qui passe par ce centre; α'' l'angle de cette projection avec l'axe des z compté de z vers x: on aura, de la même manière que nous avons obtenu l'équation (15 bis),

$$\Sigma m\left(\zeta\frac{d^2\xi}{dt^2}-\xi\frac{d^2\zeta}{dt^2}\right)=\frac{d.\Sigma m\rho''^2\frac{d\alpha''}{dt}}{dt}.$$

Toutes les masses m se mouvant dans des plans parallèles au plan des zx, leurs distances ρ'' à l'axe y qui passe par le centre de gravité de l'organe M sont des longueurs constantes. En outre, soient : γ'' l'angle qu'une droite prise arbitrairement dans un plan parallèle au plan des xz, et liée à l'organe en mouvement, fait avec l'axe des z dans le sens de z à x; γ' l'angle constant du rayon vecteur ρ'' avec cette droite, en sorte que l'on ait

$$\alpha'' = \gamma + \gamma'',$$

il viendra

$$\frac{d\alpha''}{dt} = \frac{d\gamma''}{dt}.$$

La dérivée $\dfrac{d\gamma''}{dt}$ est la vitesse angulaire de rotation du corps M autour d'un axe parallèle à l'axe des y. Cette quantité étant commune à toutes les masses m, il s'ensuit

$$\Sigma m \rho''^2 \frac{d\alpha''}{dt} = \frac{d\gamma''}{dt} \Sigma m \rho''^2.$$

La quantité $\Sigma m \rho''^2$ est le moment d'inertie de la masse M par rapport à un axe parallèle à y et qui passe par le centre de gravité de M ; nous le désignerons suivant l'habitude par MI^2. L'équation précédente étant différentiée, le terme qui nous occupe devient simplement

$$\Sigma m \left(\zeta \frac{d^2\xi}{dt^2} - \xi \frac{d^2\zeta}{dt^2} \right) = MI^2 \frac{d^2\gamma''}{dt^2}.$$

La dérivée seconde $\dfrac{d^2\gamma''}{dt^2}$ est ce que l'on appelle accélération de la vitesse angulaire par unité de temps.

En ne considérant donc qu'un seul organe de la machine, on a

$$\Sigma m \left(x' \frac{d^2x'}{dt^2} - x' \frac{d^2x'}{dt^2} \right) = M \left(z \frac{d^2x}{dt^2} - x \frac{d^2z}{dt^2} \right) + MI^2 \frac{d^2\gamma''}{dt^2}.$$

Il convient encore de séparer dans le premier membre de l'équation (16) les termes qui dépendent de l'action de la pesanteur. Il faudra, pour cela, ajouter à ce membre, ou, ce qui est préférable, retrancher au second, les termes

$$g\sin g'\, \Sigma m z' - g\cos g'\, \Sigma m x',$$

qui se réduisent, lorsque l'on ne considère qu'un seul organe, à

$$g\sin g'\, M z - g\cos g'\, M x.$$

La 3ᵉ équation (16) devient donc finalement

$$\Sigma(Xz' - Zx') = -g\sin g' \Sigma Mz + g\cos g' \Sigma Mx + \frac{de}{dt}\Sigma Mz$$

$$+ \Sigma M\left(z\frac{d^2x}{dt} - x\frac{d^2z}{dt^2}\right) + \Sigma M\Gamma^2\frac{d^2\gamma''}{dt^2}. \quad (20)$$

Les équations (18), (19) et (20), sont les transformées qu'il s'agissait d'obtenir. Ces équations, jointes aux trois équations (13), vont servir de base aux développements que nous allons bientôt entreprendre.

Observons qu'elles ne sont pas particulières aux locomotives, mais qu'elles conviennent à toute machine remplissant les conditions de symétrie auxquelles sont assujetties les roues, et dont certaines pièces auxquelles on rapporte les mouvements relatifs sont animées d'un mouvement rectiligne quelconque, parallèle à l'axe des x.

ÉQUATION DES FORCES VIVES.

10. Nous ne ferons pas usage de l'équation des forces vives pour établir les conditions de l'emploi des contrepoids. Cependant, si l'on voulait calculer les variations qu'éprouvent les sommes des projections des réactions des rails, et de leurs moments, dans une machine équilibrée plus ou moins imparfaitement, il serait nécessaire d'avoir recours à l'équation des forces vives, en l'absence d'indications instrumentales sur les variations de vitesse angulaire de la manivelle. Dans cette circonstance, la quantité $\frac{d^2\alpha}{dt^2}$ que renfermeront les équations développées des mouvements de translation et des moments ne pourrait être effectivement obtenue qu'à l'aide de l'équation des forces vives. Au lieu de la déduire de celle qui répond au mouvement absolu, nous la formerons directement pour le mouvement relatif.

Multiplions l'équation (3) par dx', puis par dy', dz', deux équations pareilles relatives aux axes des y et des z, et faisons la somme étendue à toutes les masses du système, il viendra, en ayant égard aux équations (5),

$$\Sigma(Xdx'+Ydy'+Zdz')=\frac{d^2x_0}{dt^2}\Sigma mdx'+\Sigma m\left(\frac{dx'}{dt}\frac{d^2x'}{dt}+\frac{dy'}{dt}\frac{d^2y'}{dt}+\frac{dz'}{dt}\frac{d^2z'}{dt}\right)\ (21)$$

Occupons-nous d'abord du premier membre.

Ce premier membre exprime la somme des travaux élémentaires dus aux forces tant intérieures qu'extérieures, mais estimés au moyen des déplacements relatifs aux axes mobiles. Le travail dû aux actions mutuelles, tel que frottements intérieurs, travail de la vapeur, etc., conserve donc la signification ordinaire ; mais il n'en est plus ainsi du travail des forces extérieures en général. Ainsi, le travail dû à la traction transmise au convoi et celui de la résistance de l'air sont nuls, attendu que les points d'application de ces forces n'ont aucun mouvement relatif, du moins en ce qui concerne les organes que nous avons appelés pièces fixes. D'un autre côté, le travail dû aux composants des actions des rails parallèles à la voie, et qui est nul dans le mouvement absolu, acquiert ici une importance considérable.

Soit $F+F_1$ la somme des composantes parallèles à l'axe des x des actions exercées par les rails ; R étant le rayon des roues motrices, et dz l'angle dont elles tournent sans glisser dans le temps dt ; on aura, pour le déplacement longitudinal des points de contact des roues et des rails,

$$dx'=-Rdz,$$

et pour le travail de ces forces

$$-(F+F_1)Rdz.$$

Le travail de la composante de la pesanteur parallèle à x est, pour la masse m,

$$mg\sin g'\,dx',$$

et pour un organe de masse M,

$$g\sin g'\Sigma mdx'=g\sin g'Mdx,$$

en vertu de (11).

La partie de $\Sigma Ydy'$, qui répond aux forces extérieures, est nulle, puisque les mouvements relatifs ont lieu dans des plans perpendiculaires à l'axe des y.

Le travail des forces extérieures contenu dans $\Sigma Z dz'$ ne comprend point le travail de la composante normale de l'action des rails, parce que le déplacement parallèle aux z des points de contact des roues et des rails est une quantité infiniment petite du second ordre ; mais il comprend : 1° le travail de la composante de la pesanteur, que l'on trouvera être égal pour un organe à $g \cos q' M dz$; 2° le travail dû au frottement de roulement ; 3° le travail négatif dû à la pression de l'air sur la vapeur et la fumée qui s'échappent, puis le travail positif dû à l'introduction de l'air par la grille.

Désignons par dT_m le travail élémentaire dû aux actions mutuelles, c'est-à-dire travail de la vapeur, frottements intérieurs, travail des ressorts, augmenté, pour plus de simplicité, des termes dus à la pression de l'air sur les fluides de la machine. Le premier membre de l'équation (21) deviendra

$$-(F+F_{,})R dx + g \sin q' \Sigma M dx + g \cos q' \Sigma M dz + dT_m.$$

Soient $-Q$ la composante de la résistance à la traction produite par le convoi, et $-Q'$ celle de la résistance de l'air, suivant l'axe des x : la première équation (13) donnera, en y développant la valeur de ΣX,

$$F+F_{,}-(Q+Q') = -g \sin q' \Sigma M + \frac{dv}{dt} \Sigma M + \Sigma M \frac{d^2 x}{dt^2}.$$

D'un autre côté, en supposant toujours qu'il n'y ait pas glissement, on aura

$$R dx = v dt.$$

Éliminant donc $F+F_{,}$ entre les deux précédentes équations, le premier membre de l'équation (21) deviendra

$$\Sigma(X dx' + Y dy' + Z dz') = -(Q+Q') v dt + g \sin q' (v dt \Sigma M + \Sigma M dx)$$

$$+ g \cos q' \Sigma M dz + dT_m - v dt \Sigma M \frac{d^2 x}{dt^2} - v dv \Sigma M.$$

Le second membre de l'équation (21) se réduit tout d'abord à

$$\frac{dv}{dt} \Sigma M dx + \Sigma m \left(\frac{dx'}{dt} \frac{d^2 x'}{dt} + \frac{dz'}{dt} \frac{d^2 z'}{dt} \right).$$

Le second de ces termes doit être transformé. En vertu des équations (9), il vient

$$dx'^2 + dy'^2 = (dx + d\xi)^2 + (dz + d\zeta)^2$$
$$= dx^2 + dz^2 + 2(dx\,d\xi + dz\,d\zeta) + d\xi^2 + d\zeta^2.$$

Multipliant par m, puis faisant la somme étendue à la masse M de l'un des organes, on aura, en ayant égard aux facteurs communs et aux sommes qui s'annulent,

$$\Sigma m(dx'^2 + dz'^2) = M(dx^2 + dz^2) + \Sigma m(d\xi^2 + d\zeta^2);$$

mais, en se reportant aux notations du numéro précédent, on aura

$$d\xi^2 + d\zeta^2 = \iota''^2 dx''^2,$$

et par suite

$$\Sigma m(d\xi^2 + d\zeta^2) = M I^2 d\gamma''^2;$$

d'où

$$\Sigma m(dx'^2 + dz'^2) = M(dx^2 + dz^2) + M I^2 d\gamma''^2.$$

Différentions cette équation et divisons par $2dt$, il viendra, relativement à l'un des organes de masse M,

$$\Sigma m\left(\frac{dx'}{dt}\frac{d^2x'}{dt} + \frac{dz'}{dt}\frac{d^2z'}{dt}\right) = M\left(\frac{dx}{dt}\frac{d^2x}{dt} + \frac{dz}{dt}\frac{d^2z}{dt}\right) + M I^2 \frac{d\gamma''}{dt}\frac{d^2\gamma''}{dt}.$$

Enfin nous désignerons par $\Sigma m w\,dw$ le terme de l'équation des forces vives qui répond au mouvement relatif des fluides dans la locomotive.

Réunissant ces divers résultats et divisant tout par dt, on obtient, relativement à la masse entière de la locomotive

$$\begin{aligned}
\frac{d\mathrm{T_m}}{dt} + g\sin g'\left(v\,\Sigma M + \Sigma M\,\frac{dx}{dt}\right) &+ g\cos g'\,\Sigma M\,\frac{dz}{dt} = + (Q + Q')v + v\,\Sigma M\,\frac{d^2x}{dt^2} \\
&+ v\,\frac{dv}{dt}\,\Sigma M + \frac{dv}{dt}\,\Sigma M\,\frac{dx}{dt} \\
&+ \Sigma M\left(\frac{dx}{dt}\frac{d^2x}{dt^2} + \frac{dz}{dt}\frac{d^2z}{dt^2}\right) \\
&+ \Sigma M I^2\,\frac{d\gamma''}{dt}\frac{d^2\gamma''}{dt^2} + \Sigma m w\,\frac{dw}{dt}
\end{aligned} \quad (22)$$

Telle est l'équation des forces vives qu'il convient d'appliquer aux machines locomotives. En supposant qu'il n'y ait pas glissement, toutes les variables qui entrent dans cette équation et leurs dérivées pourront s'exprimer en fonction de z et de ses dérivées, lorsque le mode de distribution de la vapeur sera donné. Tous les termes de cette équation deviendront alors divisibles par $\frac{dz}{dt}$, et l'on en pourra tirer la valeur de $\frac{d^2z}{dt^2}$.

On parviendrait exactement au résultat que nous venons d'obtenir en partant de l'équation des forces vives établie pour le cas du mouvement absolu et y substituant les expressions (9) des coordonnées; mais la transformation serait un peu plus longue que le calcul précédent.

Nous renverrons pour quelques explications concernant les quantités dT_m et $\Sigma m v dv$ à la deuxième partie d'un mémoire sur l'emploi de l'air chaud dans les hauts-fourneaux, que nous avons présenté à la Société des ingénieurs civils.

TRANSFORMATION DES COORDONNÉES,
POUR AVOIR ÉGARD A L'INCLINAISON DES CYLINDRES.

11. Les coordonnées que renferment les équations (15), (18), (19), (20) et (22), sont toutes relatives aux axes mobiles parallèle et perpendiculaires à la voie; x', y', z', désignent particulièrement les coordonnées des points de contact des roues et des rails, tandis que x, y, z, sont les coordonnées du centre de gravité d'un organe quelconque, fixe ou mobile; la dérivée $\frac{d\gamma''}{dt}$ est la vitesse angulaire d'un organe mobile mesurée dans le sens de z à x, ou en sens contraire du mouvement de rotation de la manivelle; $\frac{d^2\gamma''}{dt^2}$ est l'accélération de cette vitesse angulaire.

Nous prendrons pour origine des coordonnées le milieu de la droite qui joint les centres des cercles décrits par les extrémités des bielles. Cette origine se confondra avec le milieu de l'axe des roues motrices principales dans la plupart des machines.

Les nouveaux axes que nous allons employer auront la même origine; l'axe des y coïncidera également avec le précédent;

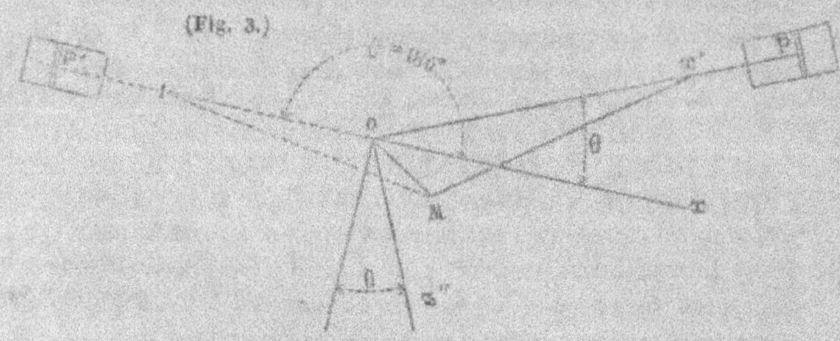

(Fig. 3.)

mais nous prendrons pour nouvel axe des x un axe parallèle à celui des cylindres, et pour axe des z un axe faisant avec l'ancien un angle égal et de même sens que celui du nouvel et de l'ancien axe des x. Nous désignerons provisoirement par x'' et z'' les coordonnées des centres de gravité des masses M rapportées à ces axes.

Définissons l'inclinaison des cylindres.

O (fig. 3) étant le centre du cercle décrit par l'extrémité M de la bielle, P la tête du piston élevé au dessus de l'avant de la machine, nous désignerons par θ l'inclinaison $x''Ox = z''Oz$. Dans le cas où les cylindres seraient à l'arrière sur le prolongement de Ox, l'angle θ deviendrait égal à 180°. A l'aide de cette convention, nos formules conviendront à toute situation donnée des cylindres.

Les formules connues de la transformation des coordonnées nous fournissent les relations

$$x = x''\cos\theta + z''\sin\theta,$$
$$z = z''\cos\theta - x''\sin\theta; \qquad (23)$$

on en tire, par la différentiation,

$$\frac{dx}{dt} = \cos\theta\,\frac{dx''}{dt} + \sin\theta\,\frac{dz''}{dt}$$
$$\frac{dz}{dt} = \cos\theta\,\frac{dz''}{dt} - \sin\theta\,\frac{dx''}{dt}; \qquad (24)$$

d'où

$$z\frac{dx}{dt} - x\frac{dz}{dt} = z''\frac{dx''}{dt} - x''\frac{dz''}{dt},$$

$$\frac{dx^2}{dt^2} + \frac{dz^2}{dt^2} = \frac{dx''^2}{dt^2} + \frac{dz''^2}{dt^2};$$

puis, en différentiant de nouveau,

$$\left.\begin{aligned}
\frac{d^2x}{dt^2} &= \cos\theta\,\frac{d^2x''}{dt^2} + \sin\theta\,\frac{d^2z''}{dt^2}\\[4pt]
\frac{d^2z}{dt^2} &= \cos\theta\,\frac{d^2z''}{dt^2} - \sin\theta\,\frac{d^2x''}{dt^2}\\[4pt]
z\frac{d^2x}{dt^2} - x\frac{d^2z}{dt^2} &= z''\frac{d^2x''}{dt^2} - x''\frac{d^2z''}{dt^2}\\[4pt]
\frac{dx}{dt}\frac{d^2x}{dt^2} + \frac{dz}{dt}\frac{d^2z}{dt^2} &= \frac{dx''}{dt}\frac{d^2x''}{dt^2} + \frac{dz''}{dt}\frac{d^2z''}{dt^2},
\end{aligned}\right\} \quad (25)$$

Telles sont les valeurs qu'il faut actuellement substituer dans les équations (13), (18), (19), (20) et (22) ; nous allons opérer cette substitution, et nous supprimerons ensuite les accents, afin de ne pas compliquer l'écriture ; seulement nous n'oublierons pas que les coordonnées x et z se rapporteront à des axes l'un parallèle et l'autre perpendiculaire aux axes des cylindres. Ajoutons encore que nous nous réserverons plus tard la faculté de rapporter les positions de quelques masses aux anciens axes, et qu'il suffira pour cela de faire $\theta = 0$ dans les termes correspondants. En effet, il vient, dans cette hypothèse, en vertu des équations (23), $x = x''$, $z = z''$.

Voici le résultat de la substitution :

Équations du mouvement de translation.

$$\left.\begin{aligned}
\Sigma X &= \left(\frac{d\varphi}{dt} - g\sin\varphi'\right)\Sigma M + \cos\theta\,\Sigma M\frac{d^2x}{dt^2} + \sin\theta\,M\frac{d^2z}{dt^2} & [x]\\[6pt]
\Sigma Y &= 0 & [y]\\[6pt]
\Sigma Z &= -g\cos\varphi'\,\Sigma M + \cos\theta\,\Sigma M\frac{d^2z}{dt^2} - \sin\theta\,\Sigma M\frac{d^2x}{dt^2}. & [z]
\end{aligned}\right\} \quad (26)$$

Équations du mouvement rotatoire.

$$\Sigma(Yx' - Xy') = -\cos\theta \, \Sigma My \frac{d^2x}{dt^2} - \sin\theta \, \Sigma My \frac{d^2z}{dt^2} \qquad (z)$$

$$\Sigma(Zy' - Yz') = +\cos\theta \, \Sigma My \frac{d^2z}{dt^2} - \sin\theta \, \Sigma My \frac{d^2x}{dt^2} \qquad (x)$$

$$\Sigma(Xz' - Zx') = \left[g\cos(g' - \theta) - \sin\theta \frac{d\varphi}{dt} \right] \Sigma Mx - \left[g\sin(g' - \theta) - \cos\theta \frac{d\varphi}{dt} \right] \Sigma Mz$$

$$+ \Sigma M \left(z \frac{d^2x}{dt^2} - x \frac{d^2z}{dt^2} \right) + \Sigma M l^2 \frac{d^2 \gamma''}{dt^2}. \qquad (y)$$

$$(27)$$

Les notations $[x]$, $[y]$, $[z]$, rappellent que les équations auxquelles elles se rapportent sont celles du mouvement de translation parallèlement aux trois axes x, y, z, primitifs.

Les notations (z), (x), (y), rappellent que les équations correspondantes sont les équations du mouvement de rotation autour des axes z, x et y.

(Nous nous dispenserons d'opérer les substitutions dans l'équation des forces vives, attendu que nous n'en ferons pas usage dans le présent Mémoire.)

Il s'agit actuellement de calculer les valeurs des différents termes qui entrent dans ces équations, et de les exprimer en fonctions de l'angle α de la manivelle avec l'axe du piston et des deux premières dérivées de cette quantité.

CALCUL DES COORDONNÉES x, z, D'UN POINT PRIS SUR L'AXE

DE LA BIELLE, DES DÉRIVÉES DE CES COORDONNÉES,

et de l'accélération de vitesse angulaire de la bielle.

12. Il nous sera facile de déduire, à l'aide de ces déterminations, celles qui se rapportent au centre de gravité même de la bielle et au piston : c'est pourquoi nous préférons traiter la question analytique qui concerne un point quelconque pris sur l'axe de la bielle.

Soient, (fig. 4) :

r le rayon de la manivelle située du côté des y positifs, ou

plus généralement le rayon du cercle décrit par l'extrémité
de la bielle ;

(Fig. 4.)

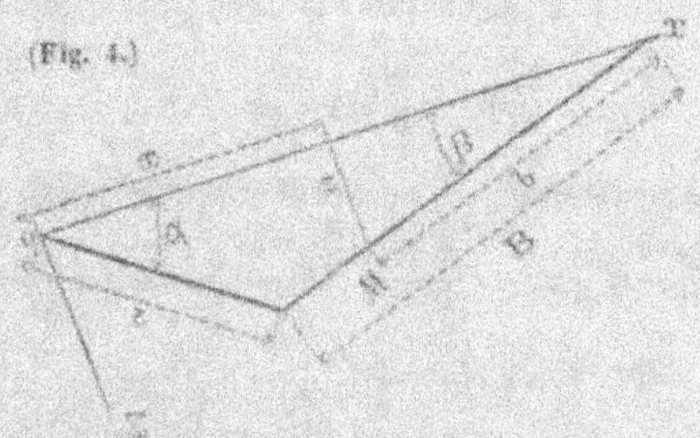

α l'angle de r avec l'axe des x compté de x vers z, ou en
sens contraire de l'angle γ'' du n° 9 ;

B la longueur de la bielle ;

b la distance d'un point M, pris sur l'axe de la bielle, à la
tête du piston, comptée de celle-ci vers le bouton de la manivelle;

x, y, z, les coordonnées du point M ;

β l'angle aigu de la bielle avec le prolongement de l'axe
des x, positif pour α compris entre 0° et 180°, négatif pour α
compris entre 180° et 360° ; l'angle β croît dans le sens de
l'angle γ'', et, d'après la signification de cet angle, on a

$$\frac{d\gamma''}{dt} = \frac{d\beta}{dt} \tag{28}$$

relativement à la bielle.

Les coordonnées du point M en fonction des angles α et β,
et de la distance b, sont

$$\left.\begin{array}{l} x = r\cos\alpha + (B - b)\cos\beta, \\[2mm] z = b\sin\beta = \dfrac{r}{B}\,b\sin\alpha. \end{array}\right\} \tag{29}$$

La seconde de ces valeurs de z résulte de la proportionnalité
des sinus, qui fournit la relation

$$\sin\beta = \frac{r}{B}\sin\alpha. \tag{30}$$

En différentiant les équations (29), il vient

$$\frac{dx}{dt} = -r\sin\alpha\,\frac{d\alpha}{dt} - (\mathrm{B}-b)\sin\beta\,\frac{d\beta}{dt}, \qquad\left.\begin{array}{c}\\[2em]\end{array}\right\} \quad (31)$$
$$\frac{dz}{dt} = +\frac{r}{\mathrm{B}}\,b\cos\alpha\,\frac{d\alpha}{dt}.$$

Au moyen de ces valeurs et des précédentes, on obtient

$$z\frac{dx}{dt} - x\frac{dz}{dt} = -r^2\frac{b}{\mathrm{B}}\frac{d\alpha}{dt} - r(\mathrm{B}-b)\frac{b}{\mathrm{B}}\left(\sin\alpha\sin\beta\,\frac{d\beta}{dt} + \cos\alpha\cos\beta\,\frac{d\alpha}{dt}\right).$$

Différentions l'équation (30), nous aurons

$$\cos\beta\,\frac{d\beta}{dt} = \frac{r}{\mathrm{B}}\cos\alpha\,\frac{d\alpha}{dt}, \qquad (32)$$

Cette dernière et l'équation (30) donnent

$$\sin\alpha\sin\beta\,\frac{d\beta}{dt} + \cos\alpha\cos\beta\,\frac{d\alpha}{dt} = \frac{\mathrm{B}}{r}(\sin^2\beta + \cos^2\beta)\frac{d\beta}{dt} = \frac{\mathrm{B}}{r}\frac{d\beta}{dt},$$

on a donc simplement

$$z\frac{dx}{dt} - x\frac{dz}{dt} = -r^2\frac{b}{\mathrm{B}}\frac{d\alpha}{dt} - b(\mathrm{B}-b)\frac{d\beta}{dt}; \qquad (33)$$

d'où ensuite, par la différentiation,

$$z\frac{d^2x}{dt^2} - x\frac{d^2z}{dt^2} = -r^2\frac{b}{\mathrm{B}}\frac{d^2\alpha}{dt^2} - b(\mathrm{B}-b)\frac{d^2\beta}{dt^2}. \qquad (34)$$

Il resterait encore à différentier les équations (31) et (32) et à éliminer l'angle β et ses dérivées $\frac{d\beta}{dt}$, $\frac{d^2\beta}{dt^2}$; mais l'obligation où nous serons de combiner deux à deux les termes de même forme qui sont relatifs aux organes correspondants ou conjugués des deux machines séparées par le plan méridien, nous détermine à recourir à l'emploi des séries. Cette combinaison serait impraticable sous forme finie, à cause du radical introduit par $\cos\beta$. Notre mémoire déposé aux archives de la Société contient les expressions des dérivées sous forme finie; nous nous dispensons de les reproduire ici, attendu que nous ne devons point en faire usage.

EXPRESSIONS DES COORDONNÉES LINÉAIRES DES CENTRES DE GRAVITÉ
DE LA BIELLE ET DU PISTON, DE LEURS DÉRIVÉES, ET DE LA VITESSE
ANGULAIRE DE LA BIELLE, en séries ordonnées suivant les sinus et
cosinus des multiples de l'angle de la manivelle avec l'axe du piston.

15. L'angle β étant nécessairement aigu, son cosinus est essentiellement positif; on tire de l'équation (30)

$$\cos^{\pm 1}\beta = \left(1 - \frac{r^2}{B^2}\sin^2\alpha\right)^{\pm\frac{1}{2}}.$$

La quantité entre parenthèses peut être remplacée par

$$1 - \frac{r^2}{2B^2}(1 - \cos 2\alpha).$$

Posons

$$\sin\varphi = \frac{1}{\sqrt{2}}\frac{r}{B};\qquad\qquad (35)$$

cette même parenthèse se changera en

$$1 - \sin^2\varphi + \sin^2\varphi\cos 2\alpha = \cos^2\varphi + \sin^2\varphi\cos 2\alpha;$$

et, si nous convenons que φ soit toujours un angle aigu, afin que son cosinus reste positif, il viendra

$$\cos^{\pm 1}\beta = \cos^{\pm 1}\varphi(1 + \tan^2\varphi\cos 2\alpha)^{\pm\frac{1}{2}}.$$

Nous développerons cette double expression au moyen de la formule de Newton, et nous aurons

$$\begin{aligned}
\cos\beta &= \cos\varphi\left(1 + \frac{1}{2}\tan^2\varphi\cos 2\alpha - \frac{1}{2.4}\tan^4\varphi\cos^2 2\alpha + \frac{1.3}{2.4.6}\tan^6\varphi\cos^3 2\alpha\right.\\
&\qquad\left. - \frac{1.3.5}{2.4.6.8}\tan^8\varphi\cos^4 2\alpha + \text{etc.}\right),\\
\frac{1}{\cos\beta} &= \frac{1}{\cos\varphi}\left(1 - \frac{1}{2}\tan^2\varphi\cos 2\alpha + \frac{1.3}{2.4}\tan^4\varphi\cos^2 2\alpha - \frac{1.3.5}{2.4.6}\tan^6\varphi\cos^3 2\alpha\right.\\
&\qquad\left. + \frac{1.3.5.7}{2.4.6.8}\tan^8\varphi\cos^4 2\alpha - \text{etc.}\right).
\end{aligned}\qquad (36)$$

L'angle φ est la valeur de β qui répond à $\alpha = \frac{\pi}{4}$ ou $45°$, et à $\alpha = 3\frac{\pi}{4}$ ou $135°$.

On peut exprimer $\tan^2\varphi$ directement en fonction de r et B comme il suit :

$$\tan^2\varphi = \frac{r^2}{2B^2 - r^2}. \tag{37}$$

La première série (36) contient les puissances entières de $\cos 2\alpha$; et comme celles-ci s'expriment, au moyen de formules connues, par les premières puissances des cosinus des multiples entiers de 2α, nous pouvons poser

$$\cos\beta = \cos\varphi \, \Sigma_0^\infty A_i \cos 2i\alpha. \tag{38}$$

La seconde série (36) s'exprimerait de la même manière au moyen de termes de la forme $A'_i \cos 2i\alpha$: il s'ensuit que la fonction $\dfrac{\cos\alpha}{\cos\beta}$ qui entre dans l'expression de $\dfrac{d\beta}{dt}$, équation (32), se compose de termes de la forme $A'_i \cos\alpha \cos 2i\alpha$. Or on a, par les formules trigonométriques,

$$\cos\alpha \cos 2i\alpha = \frac{1}{2}\cos(2i-1)\alpha + \frac{1}{2}\cos(2i+1)\alpha.$$

Le premier des facteurs de cette forme se réduirait évidemment à $\cos\alpha$: nous pouvons donc poser encore

$$\frac{\cos\alpha}{\cos\beta} = \frac{1}{\cos\varphi} \Sigma_0^\infty B_i \cos(2i+1)\alpha. \tag{39}$$

Les sommes Σ comprises dans les expressions (38) et (39) doivent être considérées comme formées en donnant à l'indice i toutes les valeurs entières, depuis et y compris zéro jusqu'à l'infini.

Si l'on se reporte aux développements (36) et qu'on ait égard aux formules de transformation des puissances de cosinus en cosinus de multiples, on observera que les coefficients A_i et B_i sont des fonctions de $\tan^2\varphi$, dans lesquelles la plus faible puissance de cette quantité est i. En convenant de prendre $\tan\varphi$ pour type des quantités du premier ordre de petitesse, on devra considérer les coefficients A_i et B_i comme étant de l'ordre $2i$. Nous ne présenterons point le calcul de ces coefficients, que chacun pourra effectuer sans difficulté, attendu

que le seul d'entre eux qui reste dans les équations de condition est le coefficient B_0. Il est d'ailleurs associé à $\cos\varphi$, sous la
forme $\dfrac{B_0}{\cos\varphi}$, valeur qui peut, dans le cas des locomotives, être
remplacée avec une très grande approximation par $\dfrac{1}{\sqrt{\cos\varphi}}$.
Mais comme ces coefficients pourraient être employés au calcul
des réactions des rails dans le cas de machines imparfaitement
équilibrées, nous donnerons dans la note ci-jointe les expressions de ces mêmes coefficients (*).

Au moyen des expressions (38) et (39), dont il nous suffisait
à la rigueur de justifier la forme, il vient d'abord, par les équations (29) et (32),

$$x = r\cos\alpha + (B - b)\cos\varphi \, \Sigma_0^\infty \, A_i \cos 2i\alpha,$$

$$\frac{d\delta}{dt} = \frac{r}{B\cos\varphi} \, \Sigma_0^\infty \, B_i \cos(2i + 1)\alpha \, \frac{d\alpha}{dt}$$

(*) En posant, pour abréger,

$$\varphi_1 = \frac{1}{2}\tang\varphi,$$

on aura :

$$A_0 = 1 - \frac{1}{2.4}\frac{2}{1}\varphi_1^2 - \frac{1.3.5}{2.4.6.8}\frac{4.3}{1.2}\varphi_1^4 - \frac{1.3.5.7.9}{2.4.6.8.10.12}\frac{6.5.4}{1.2.3}\varphi_1^6 - \text{etc.}$$

$$A_1 = \varphi_1 + \frac{3}{4.6}\frac{3}{1}\varphi_1^3 + \frac{3.5.7}{4.6.8.10}\frac{5.4}{1.2}\varphi_1^5 + \frac{3.5.7.9.11}{4.6.8.10.12.14}\frac{7.6.5}{1.2.3}\varphi_1^7 + \text{etc.}$$

$$A_2 = -\frac{1}{4}\varphi_1^2 - \frac{3.5}{4.6.8}\frac{4}{1}\varphi_1^4 - \frac{3.5.7.9}{4.6.8.10.12}\frac{6.5}{1.2}\varphi_1^6 - \text{etc.}$$

$$A_3 = +\frac{3}{4.6}\varphi_1^3 + \frac{3.5.7}{4.6.8.10}\frac{5}{1}\varphi_1^5 + \frac{3.5.7.9.11}{4.6.8.10.12.14}\frac{7.6}{1.2}\varphi_1^7 + \text{etc.}$$

$$A_4 = -\frac{3.5}{4.6.8}\varphi_1^4 - \frac{3.5.7.9}{4.6.8.10.12}\frac{6}{1}\varphi_1^6 - \text{etc.}$$

$$A_5 = +\frac{3.5.7}{4.6.8.10}\varphi_1^5 + \frac{3.5.7.9.11}{4.6.8.10.12.14}\frac{7}{1}\varphi_1^7 + \text{etc.}$$

$$A_6 = -\frac{3.5.7.9}{4.6.8.10.12}\varphi_1^6 - \text{etc.}$$

$$A_7 = +\frac{3.5.7.9.11}{4.6.8.10.12.14}\varphi_1^7 + \text{etc.}$$

. . . .

On en tire par la différentiation

$$\frac{dx}{dt} = -\left[r\sin\alpha + 2(B-b)\cos\varphi\, \Sigma_0^\infty\, iA_i\sin 2i\alpha\right]\frac{d\alpha}{dt},$$

$$\frac{d^2\beta}{dt^2} = \pm\, \frac{r}{B\cos\varphi}\, \Sigma_0^\infty\, B_i\cos(2i+1)\alpha .\, \frac{d^2\alpha}{dt^2},$$

$$-\, \frac{r}{B\cos\varphi}\, \Sigma_0^\infty\, (2i+1)B_i\sin(2i+1)\alpha .\, \frac{d\alpha^2}{dt^2},$$

$$\frac{d^2x}{dt^2} = -\left[r\sin\alpha + 2(B-b)\cos\varphi\, \Sigma_0^\infty\, iA_i\sin 2i\alpha\right]\frac{d^2\alpha}{dt^2},$$

$$-\left[r\cos\alpha + 4(B-b)\cos\varphi\, \Sigma_0^\infty\, i^2 A_i\cos 2i\alpha\right]\frac{d\alpha^2}{dt^2}.$$

Ces coefficients sont d'ailleurs liés entre eux par les relations

$$A_3 = +\frac{1}{5}\left(2A_1 - 2\frac{A_1}{\varphi_1}\right)$$

$$A_5 = -\frac{1}{7}\left(1A_1 + 4\frac{A_2}{\varphi_1}\right)$$

$$A_7 = -\frac{1}{9}\left(3A_2 + 6\frac{A_3}{\varphi_1}\right)$$

$$A_9 = -\frac{1}{11}\left(5A_3 + 8\frac{A_5}{\varphi_1}\right)$$

$$\ldots\ldots\ldots\ldots\ldots$$

$$A_{i+1} = -\frac{1}{2i+3}\left((2i-3)A_{i-1} + 2i\frac{A_i}{\varphi_1}\right),$$

au moyen desquelles les coefficients se déduiraient successivement des deux premiers, si ces formules n'exigeaient pas l'emploi d'un grand nombre de chiffres pour donner de bons résultats. Toutefois, on en tire la combinaison suivante, qui peut servir à vérifier l'ensemble des calculs :

$$A_1(1+\tfrac{1}{2}\varphi_1) + (1+2\varphi_1)[2A_3 + 3A_5 + 4A_7 + \ldots + (i-2)A_{i-1}]$$

$$+\tfrac{1}{2}\varphi_1[(2i-1)A_{i-1} + (2i+1)A_i] + (i-1)A_{i-1} = A_1\alpha.$$

Les coefficients B_i s'obtiendront indirectement de la manière suivante. Soit

$$\frac{\cos\varphi}{\cos\beta} = \Sigma_0^\infty\, C_i\cos 2i\alpha;$$

la comparaison des développements de $\dfrac{\cos\beta}{\cos\varphi}$ et $\dfrac{\cos\varphi}{\cos\beta}$, équations (36), montre que l'on passe du premier au second, en multipliant les termes affectés des

L'équation (34) donnera ensuite très aisément

$$x\frac{d^2x}{dt^2} - x\frac{d^2z}{dt^2} = -\frac{r^2b}{B}\frac{d^2x}{dt^2} - \frac{rb(B-b)}{B\cos\varphi}\,\Sigma_0^\infty B_i\cos(2i+1)x.\frac{d^2x}{dt^2},$$
$$+\frac{rb(B-b)}{B\cos\varphi}\,\Sigma_0^\infty(2i+1)B_i\sin(2i+1)x.\frac{dx^2}{dt^2}.$$

---

puissances successives de $\tan^2\varphi$ ou des coefficients

$$\varphi_1,\quad \varphi_1^2,\quad \varphi_1^3,\quad \varphi_1^4,\dots\quad \varphi_1^n,$$

respectivement par $\qquad -1,\ -3,\ -5,\ -7,\dots\ -(2n-1).$

Les coefficients C se déduiront de A en multipliant généralement la puissance $n^{ième}$ de φ, par $2n-1$; il vient de la sorte

$$C_0 = 1 + \frac{1.3}{2.4}\frac{2}{1}\varphi_1^2 + \frac{1.3.5.7}{2.4.6.8}\frac{4.3}{1.2}\varphi_1^4 + \frac{1.3.5.7.9.11}{2.4.6.8.10.12}\frac{6.5.4}{1.2.3}\varphi_1^6 + \text{etc.}$$

$$C_1 = -\varphi_1 - \frac{3.5}{4.6}\frac{3}{1}\varphi_1^3 - \frac{3.5.7.9}{4.6.8.10}\frac{5.4}{1.2}\varphi_1^5 - \frac{3.5.7.9.11.13}{4.6.8.10.12.14}\frac{7.6.5}{1.2.3}\varphi_1^7 - \text{etc.}$$

$$C_2 = +\frac{3}{4}\varphi_1^2 + \frac{3.5.7}{4.6.8}\frac{4}{1}\varphi_1^4 + \frac{3.5.7.9.11}{4.6.8.10.12}\frac{6.5}{1.2}\varphi_1^6 + \text{etc.}$$

$$C_3 = -\frac{3.5}{4.6}\varphi_1^3 - \frac{3.5.7.9}{4.6.8.10}\frac{5}{1}\varphi_1^5 - \frac{3.5.7.9.11.13}{4.6.8.10.12.14}\frac{7.6}{1.2}\varphi_1^7 - \text{etc.}$$

$$C_4 = +\frac{3.5.7}{4.6.8}\varphi_1^4 + \frac{3.5.7.9.11}{4.6.8.10.12}\frac{6}{1}\varphi_1^6 + \text{etc.}$$

$$C_5 = -\frac{3.5.7.9}{4.6.8.10}\varphi_1^5 - \frac{3.5.7.9.11.13}{4.6.8.10.12.14}\frac{7}{1}\varphi_1^7 - \text{etc.}$$

$$C_6 = +\frac{3.5.7.9.11}{4.6.8.10.12}\varphi_1^6 + \text{etc.}$$

$$C_7 = -\frac{3.5.7.9.11.13}{4.6.8.10.12.14}\varphi_1^7 - \text{etc.}$$

. . . .

Les coefficients B se déduisent des précédents par les relations :

$$B_0 = C_0 + \frac{1}{2}C_1$$

$$B_1 = \frac{1}{2}C_1 + C_2$$

$$B_2 = \frac{1}{2}(C_2 + C_3)$$

. . . .

$$B_i = \frac{1}{2}(C_i + C_{i+1})$$

On en tire, pour le calcul direct de B_0,

$$B_0 = 1 - \frac{1}{2}\varphi_1 + \frac{1.3}{2.4}\frac{2}{1}\varphi_1^2 - \frac{1.3.5.3}{2.4.6}\frac{1}{1}\varphi_1^3 + \frac{1.3.5.7}{2.4.6.8}\frac{4.3}{1.2}\varphi_1^4 - \frac{1.3.5.7.9}{2.4.6.8.10}\frac{5.4}{1.2}\varphi_1^5 + \text{etc.}$$

Résumons actuellement les diverses formules que nous venons d'obtenir, en ayant le soin d'y séparer le premier terme des sommes Σ qui répond à l'indice $i = 0$. De cette manière, il

---

Si l'on suppose B_0 calculé, on pourra calculer les autres coefficients au moyen de la série A_i, en se servant de la formule générale que voici :

$$B_i = B_{i-1} - i\,\frac{A_i}{\varphi_i}$$

Ceci suppose que les coefficients A_i seront calculés en tenant compte, dans les développements, des termes de l'ordre supérieur d'une unité à celui auquel l'exactitude des résultats définitifs est fixée d'avance.

On devra remarquer la convergence rapide de nos séries dans le cas des machines locomotives. En effet, le rapport $\frac{r}{B}$ est presque toujours égal à $\frac{1}{5}$, ou du moins en diffère peu ; l'équation (37) donne alors $\tan g^2 \varphi = \frac{1}{49}$, d'où $\varphi_1 = \frac{1}{98}$, ou $\varphi_1 = 0{,}010\,2041$. En calculant avec cette valeur la quantité $\frac{B_0}{\cos\varphi}$, on trouve $1{,}005\,077$; la valeur approchée $\frac{1}{\sqrt[4]{\cos\varphi}}$, que nous proposons de lui substituer, est dans ce cas $1{,}005\,063$. On voit donc que l'erreur sera toujours insensible dans la pratique.

Voici maintenant les valeurs numériques des coefficients A_i, B_i, C_i, pour les machines dans lesquelles la longueur de la bielle est égale à cinq fois le rayon de la manivelle :

$A_0 = +\,0{,}3999740$	$B_0 = +\,0{,}9949754$	$C_0 = +\,1{,}0000784$
$A_1 = +\,0{,}0102045$	$B_1 = -\,0{,}0050640$	$C_1 = -\,0{,}0102001$
$A_2 = -\,0{,}0000260$	$B_2 = +\,0{,}0000387$	$C_2 = +\,0{,}0000780$
$A_3 = +\,0{,}0000001$	$B_3 = -\,0{,}0000003$	$C_3 = -\,0{,}0000007$
. . . .	. . . .	. . . .

Ces valeurs montrent que l'on pourra toujours se borner, dans la pratique, à l'emploi des deux premiers coefficients de chaque série.

Il existe, entre les divers coefficients dont nous venons de nous occuper et leurs dérivées prises par rapport à φ_1, des relations que nous ne pouvons qu'indiquer ici. Les coefficients A_0, B_0, C_0, s'expriment très aisément au moyen des fonctions elliptiques. Enfin, ajoutons que ces coefficients, qui peuvent être utiles dans une foule de cas relatifs aux systèmes articulés, préviendra, relativement au point M et à l'accroissement de vitesse angulaire de la bielle,

$$x = (B - b) A_o \cos\varphi + r \cos\alpha + (B - b) \cos\varphi \, \Sigma_1^\infty A_i \cos 2i\alpha,$$

$$z = r \frac{b}{B} \sin\alpha,$$

$$\frac{d^2 x}{dt^2} = -\left[r \sin\alpha + 2(B - b) \cos\varphi \, \Sigma_1^\infty i A_i \sin 2i\alpha \right] \frac{d^2\alpha}{dt^2},$$

$$-\left[r \cos\alpha + 4(B - b) \cos\varphi \, \Sigma_1^\infty i^2 A_i \cos 2i\alpha \right] \frac{d\alpha^2}{dt^2},$$

$$\frac{d^2 z}{dt^2} = r \frac{b}{B} \cos\alpha \frac{d^2\alpha}{dt^2} - r \frac{b}{B} \sin\alpha \frac{d\alpha^2}{dt^2},$$

$$z \frac{d^2 x}{dt^2} - x \frac{d^2 z}{dt^2} = -r^2 \frac{b}{B} \frac{d^2\alpha}{dt^2} - \frac{rb(B - b)}{B \cos\varphi} \left[B_o \cos\alpha + \Sigma_1^\infty B_i \cos(2i + 1)\alpha \right] \frac{d^2\alpha}{dt^2}$$

$$+ \frac{rb(B - b)}{B \cos\varphi} \left[B_o \sin\alpha + \Sigma_1^\infty (2i + 1) B_i \sin(2i + 1)\alpha \right] \frac{d\alpha^2}{dt^2},$$

$$\frac{d^2\gamma''}{dt^2} = \frac{d^2\delta}{dt^2} = \frac{r}{B \cos\varphi} \left[B_o \cos\alpha + \Sigma_1^\infty B_i \cos(2i + 1)\alpha \right] \frac{d^2\alpha}{dt^2}$$

$$- \frac{r}{B \cos\varphi} \left[B_o \sin\alpha + \Sigma_1^\infty (2i + 1) B_i \sin(2i + 1)\alpha \right] \frac{d\alpha^2}{dt^2}$$

$$\tag{40}$$

Ces formules sont celles qu'il s'agissait d'obtenir. En y faisant $b = B'$, (cette dernière lettre désignant la distance du centre de gravité de la bielle à la tête du piston), nous aurons tous les termes qui répondent à la bielle. Nous nous dispenserons de faire ici ce changement; il suffit d'avertir qu'il doit être fait plus tard.

Quant au mouvement du piston, soit a la distance de son centre de gravité à la tête, mesurée dans le sens des x positifs: il est évident que pour obtenir les termes qui s'y rapportent il faudra faire, dans les formules (40), $b = o$, puis ajouter a à l'abscisse x et faire abstraction de $\frac{d^2\gamma''}{dt^2}$, quantité essentiellement nulle pour le piston.

---

sentent une grande analogie, dans leurs relations et leur mode de dérivation, avec ceux auxquels donne naissance le développement de la fonction perturbatrice dans la mécanique céleste.

On aura de cette manière, relativement au piston :

$$x = a + \mathrm{BA}_\alpha \cos\varphi + r\cos\alpha + \mathrm{B}\cos\varphi \sum_1^\infty \mathrm{A}_i \cos 2i\alpha,$$

$$\frac{d^2x}{dt^2} = -\left[r\sin\alpha + 2\mathrm{B}\cos\varphi \sum_1^\infty i\mathrm{A}_i \sin 2i\alpha\right]\frac{d^2\alpha}{dt^2},$$

$$-\left[r\cos\alpha + 4\mathrm{B}\cos\varphi \sum_1^\infty i^2\mathrm{A}_i \cos 2i\alpha\right]\frac{d\alpha^2}{dt^2}. \tag{41}$$

Tous les autres termes sont nuls.

Nous pourrions déduire des formules (40) les valeurs qui sont relatives à la manivelle ; mais comme nous avons à considérer d'autres organes de même espèce, nous présenterons les expressions générales qui s'y rapportent.

COORDONNÉES ET DÉRIVÉES RELATIVES AUX ORGANES DONT LES CENTRES DE GRAVITÉ ONT UN MOUVEMENT CIRCULAIRE LIÉ A CELUI DE LA MANIVELLE MOTRICE.

14. Ces organes sont les manivelles, leurs boutons, les bielles d'accouplement et les roues motrices principales ou accouplées, en comprenant la masse des contre-poids dans celle de ces dernières.

Les centres des cercles décrits par les centres de gravité de ces pièces sont situés sur une droite parallèle à la voie et passant par l'origine des coordonnées. Nous prendrons cette dernière droite pour axe des abscisses, ce qui exigera, conformément aux remarques du n° 11, que l'on fasse explicitement $\cos\theta = 1$ et $\sin\theta = 0$ dans les termes des équations (16) et (27) qui se rapportent à ces organes, ou tout simplement que l'on se serve à leur égard des seconds membres des équations (15), (18), (19) et (20), dans lesquelles les coordonnées se rapportent à des axes parallèle et perpendiculaires à la voie.

Les ordonnées des centres des cercles décrits par les centres de gravité seront conséquemment nulles.

Observons encore que les liaisons des pièces dont nous nous occupons, avec la manivelle motrice, sont telles que leurs mouvements angulaires autour des centres des cercles décrits sont égaux à celui de la manivelle motrice elle-même. Les vitesses angulaires de rotation autour d'axes parallèles aux y et passant par les centres de gravité sont aussi égales à celle de la manivelle motrice, excepté pour les bielles d'accouplement, dont la vitesse de rotation est nulle.

Ceci posé, soient généralement :

l l'abscisse du centre du cercle décrit par le centre de gravité,

ρ la distance du centre de gravité au centre du cercle,

ε l'angle constant de ρ avec le rayon de la manivelle motrice compté dans le même sens que α.

Nous aurons (Voir fig. (1), n° 6) :

$$\left. \begin{aligned} x &= l + \rho \cos(\alpha + \varepsilon - \theta), \\ z &= \rho \sin(\alpha + \varepsilon - \theta); \end{aligned} \right\} \quad (42)$$

d'où

$$\frac{dx}{dt} = - \rho \sin(\alpha + \varepsilon - \theta) \frac{d\alpha}{dt},$$

$$\frac{dz}{dt} = + \rho \cos(\alpha + \varepsilon - \theta) \frac{d\alpha}{dt};$$

puis

$$z \frac{dx}{dt} - x \frac{dz}{dt} = - l\rho \cos(\alpha + \varepsilon - \theta) \frac{d\alpha}{dt} - \rho^2 \frac{d\alpha}{dt}.$$

En différentiant ces trois dernières équations, il viendra

$$\left. \begin{aligned} \frac{d^2x}{dt^2} &= - \rho \sin(\alpha + \varepsilon - \theta) \frac{d^2\alpha}{dt^2} - \rho \cos(\alpha + \varepsilon - \theta) \frac{d\alpha^2}{dt^2}, \\ \frac{d^2z}{dt^2} &= + \rho \cos(\alpha + \varepsilon - \theta) \frac{d^2\alpha}{dt^2} - \rho \sin(\alpha + \varepsilon - \theta) \frac{d\alpha^2}{dt^2}, \\ z \frac{d^2x}{dt^2} - x \frac{d^2z}{dt^2} &= - l\rho \cos(\alpha + \varepsilon - \theta) \frac{d^2\alpha}{dt^2} + l\rho \sin(\alpha + \varepsilon - \theta) \frac{d\alpha^2}{dt^2} - \rho^2 \frac{d^2\alpha}{dt^2}, \end{aligned} \right\} \quad (43)$$

D'un autre côté, si l'on excepte les bielles d'accouplement, qui n'ont pas de mouvement de rotation autour de leur centre de gravité, on aura

$$\frac{d^2\gamma''}{dt^2} = - \frac{d^2\alpha}{dt^2},$$

attendu que l'angle γ'' est compté dans le sens opposé à celui de l'angle α; mais afin de comprendre tous les cas dans une formule unique, si nous désignons par n' le rapport de la vitesse angulaire de rotation à celle de la manivelle principale, nous écrirons :

$$\frac{d^2\gamma''}{dt^2} = - n' \frac{d^2\alpha}{dt^2},\qquad (44)$$

n' étant nul pour les bielles d'accouplement, et égal à l'unité pour les autres pièces.

Les manivelles et bielles d'accouplement sont toujours disposées de manière que le rayon ρ soit parallèle à celui qui répond à la manivelle motrice ; seulement il arrive que ce rayon ρ se trouve disposé tantôt dans le même sens, tantôt dans le sens contraire. Il faudra donc faire, pour ces pièces, $\epsilon = 0$ dans le premier cas, et $\epsilon = 180°$ dans le second. Par suite nous devrons remplacer les quantités $\sin(\alpha + \epsilon - \vartheta)$ et $\cos(\alpha + \epsilon - \vartheta)$ respectivement par $\pm \sin(\alpha - \vartheta)$ et $\pm \cos(\alpha - \vartheta)$ dans les termes des équations (42) et (43) lorsque nous les appliquerons à ces pièces.

Occupons-nous actuellement des roues non accouplées et des demi-essieux. Nous ne confondons pas en une seule masse celle d'une roue et du demi-essieu correspondant, attendu que l'ensemble de ces deux pièces ne jouit pas de la propriété d'être symétrique par rapport à un plan parallèle au plan méridien, et passant par le centre de gravité commun.

Soient l et n les coordonnées parallèles aux x et z des axes de ces pièces. Par la raison que leur centre de gravité coïncide avec l'axe de figure, on aura simplement

$$x = l, \quad z = n. \qquad (45)$$

Les dérivées et combinaisons de dérivées de ces quantités sont toutes nulles.

L'angle γ'' étant compté en sens contraire de l'angle α, et n' ayant la même signification que ci-dessus, on aura encore

$$\frac{d^2\gamma''}{dt^2} = - n' \frac{d^2\alpha}{dt^2} \qquad (46)$$

[illegible — faded caption line across top of table]

				Équation x'	Équation y'	Équation z'	Équation x''	Équation y''	
[illegible]	[illegible]			[illegible]	[illegible]	[illegible]	[illegible]	[illegible]	[illegible]
[illegible]	[illegible]			[illegible]	[illegible]	[illegible]	[illegible]	[illegible]	[illegible]
[illegible]	[illegible]			[illegible]	[illegible]	[illegible]	[illegible]	[illegible]	[illegible]
[illegible]	[illegible]			[illegible]	[illegible]	[illegible]	[illegible]	[illegible]	[illegible]

[illegible — faded footnote line across bottom of table]

Relativement aux demi-essieux des roues motrices, on aura

$$n = o, \quad n' = 1.$$

Quant aux roues non accouplées et à leurs demi-essieux, R' désignant le rayon de ces roues, les valeurs précédentes deviendront

$$n = R - R', \quad n' = \frac{R}{R'},$$

en supposant que les roues ne glissent pas.

Il nous reste à dire un mot des pièces fixes.

Nous désignerons par M^f la moitié de la masse des pièces fixes réunies, et par L_f et N_f les coordonnées du centre de gravité de M_f, parallèles aux x et z. Leurs dérivées sont nulles, ainsi que celle de la vitesse angulaire, puisque ces pièces n'ont pas de mouvement relatif.

Tableau des termes des seconds membres des équations (26) et (27) relatifs à chaque espèce particulière d'organe situé du côté des y positifs, et Sommes des termes de même forme.

15. Les formules que nous avons réunies dans les deux numéros précédents sous les marques (40) à (46) donnent les valeurs des termes des équations (26) et (27), ou de leurs équivalentes qui sont relatives à chaque espèce particulière d'organe faisant partie de la machine située du côté des y positifs. Elles n'exigent d'autre soin que d'y introduire les valeurs particulières des masses, dimensions, etc. La formation de ces termes revient à peu près à une simple transcription. Toutefois, afin d'être sûr de n'omettre aucun terme et aussi de ne pas trop fatiguer l'attention ultérieurement, nous avons cru indispensable de présenter en un tableau l'ensemble des divers termes dont il est question.

Le tableau ci-joint n'exige que peu d'explications pour être compris.

La première colonne contient la désignation des organes ; les six colonnes suivantes indiquent les lettres qui servent à représenter les valeurs particulières des quantités inscrites en tête de chaque colonne.

Pour compléter ces indications, nous rappellerons que B désigne la longueur de la bielle, et B' la distance de son centre de gravité à la tête du piston.

r est le rayon de la manivelle.

R est celui des roues motrices.

n' désigne le rapport des vitesses de rotation à celle de la manivelle motrice.

n' est égal à l'unité pour les manivelles et boutons de manivelle, et nul pour les bielles d'accouplement.

N^v désigne l'ordonnée z des pièces tournantes dont le centre de gravité coïncide avec l'axe de rotation; N^v est nulle pour toute autre pièce que les roues non accouplées et leurs essieux. R' étant le rayon de ces roues, on a $N^v = R - R'$ et $n' = \dfrac{R}{R'}$; n' est égal à l'unité pour toutes les autres pièces du même genre.

Plusieurs des quantités désignées par des lettres, accents, ou indices différents, pourront dans beaucoup de cas se trouver égales; nous devions, pour donner à nos formules la plus grande généralité, tenir compte de différences qui n'existent pas toujours en réalité.

Afin d'éviter la reproduction des termes de même forme, nous avons compris sous une désignation générale unique les termes de même espèce qui répondent aux manivelles, boutons de manivelles et bielles d'accouplement. Le double signe qui accompagne ces termes provient de $z = 0°$ ou $180°$: on prendra donc le signe $+$ ou le signe $-$, suivant que le rayon du cercle décrit par le centre de gravité sera de même sens ou de sens opposé au rayon de la manivelle motrice. Nous avons développé les quantités $\sin(\alpha - \delta)$ et $\cos(\alpha - \delta)$ contenues dans les équations (42) et (43).

Enfin, dans les termes relatifs aux roues motrices et contrepoids, nous avons développé aussi $\sin(\alpha + \epsilon - \delta)$ et $\cos(\alpha + \epsilon - \delta)$;

seulement, l'angle $s - \vartheta$ y a été remplacé par un angle unique c :

$$c = s - \vartheta, \qquad (47)$$

Ayant notre tableau sous les yeux, il sera facile de faire la somme des termes de même espèce, ordonnée suivant les sinus et cosinus des multiples de α, et d'y séparer les termes affectés des facteurs $\dfrac{d^2\alpha}{dt^2}$ et $\dfrac{d\alpha^2}{dt^2}$. En faisant ces sommes, qui seront uniquement relatives à l'une des deux machines dont se compose la locomotive, nous réunirons sous le signe Σ les termes qui se rapportent à un même genre d'organes, attendu que le tableau n'en renferme qu'un seul pour chaque genre.

Posons, pour abréger :

$$
\begin{aligned}
u_0 &= M'r + M''r, & u_1 &= \Sigma \pm M'''C''', \\
u'_0 &= M'r\,\frac{B'}{B}, & & \\
v_0 &= (M'r + M''r)A, & v_1 &= \Sigma \pm M'''C'''A''', \\
v'_0 &= M'r\,\frac{B'}{B}A, & & \\
w_0 &= [M'I^2 - M'B'(B-B')]\frac{r}{B}\frac{B_0}{\cos\varphi}, & w_1 &= \Sigma \pm M'''C'''L''', \\
k &= M'(B-B') + M''B; & & (49)
\end{aligned}
\qquad (48)
$$

nous aurons :

$$\text{Équation } [x],$$

Somme des termes $\quad + \cos\vartheta\, M\,\dfrac{d^2x}{dt^2} + \sin\vartheta\, M\,\dfrac{d^2z}{dt^2}$:

$$- [(u_0 + u_1)\cos\vartheta + \Sigma v_0 \rho\cos c]\sin\alpha\,\frac{d^2\alpha}{dt^2} \;-\; [(u_0 + u_1)\cos\vartheta + \Sigma v_0 \rho\cos c]\cos\alpha\,\frac{d\alpha^2}{dt^2}$$

$$+ [(u'_0 + u_1)\sin\vartheta - \Sigma v_0 \rho\sin c]\cos\alpha\,\frac{d^2\alpha}{dt^2} \;-\; [(u'_0 + u_1)\sin\vartheta - \Sigma v_0 \rho\sin c]\sin\alpha\,\frac{d_0\alpha^2}{dt^2}$$

$$- k\cos\vartheta.\,2\cos\varphi\,\Sigma_1^\infty i A_i\sin 2i\alpha.\,\frac{d^2z}{dt^2} \;-\; k\cos\vartheta.\,4\cos\varphi\,\Sigma_1^\infty i^2 A_i\cos 2i\alpha.\,\frac{d\alpha^2}{dt^2};$$

Equation [z],

Somme des termes $+\cos\vartheta\, M\,\dfrac{d^2z}{dt^2} - \sin\vartheta\, M\,\dfrac{d^2x}{dt^2}$:

$$+\,[(u_o+u_{\prime})\sin\vartheta - \Sigma\mu\rho\sin\varepsilon]\sin\alpha\,\frac{d^2\alpha}{dt^2} + [(u_o+u_{\prime})\sin\vartheta - \Sigma\mu\rho\sin\varepsilon]\cos\alpha\,\frac{d\alpha^2}{dt^2}$$

$$+\,[(u'_o+u_{\prime})\cos\vartheta + \Sigma\mu\rho\cos\varepsilon]\cos\alpha\,\frac{d^2\alpha}{dt^2} - [(u'_o+u_{\prime})\cos\vartheta + \Sigma\mu\rho\cos\varepsilon]\sin\alpha\,\frac{d\alpha^2}{dt^2}$$

$$+\,k\sin\vartheta\,.\,2\cos\varphi\,\Sigma_1^\infty i\,A_i\sin 2i\alpha\,.\,\frac{d^2\alpha}{dt^2} + k\sin\vartheta\,.\,4\cos\varphi\,\Sigma_1^\infty i^2 A_i\cos 2i\alpha\,.\,\frac{d\alpha^2}{dt^2}\,;$$

Equation (z),

Somme des termes $-\cos\vartheta\, My\,\dfrac{d^2x}{dt^2} - \sin\vartheta\, My\,\dfrac{d^2z}{dt^2}$:

$$+\,[(v_o+v_{\prime})\cos\vartheta + \Sigma\mu\rho\cos\varepsilon]\sin\alpha\,\frac{d^2\alpha}{dt^2} + [(v_o+v_{\prime})\cos\vartheta + \Sigma\mu\rho\cos\varepsilon]\cos\alpha\,\frac{d\alpha^2}{dt^2}$$

$$-\,[(v'_o+v_{\prime})\sin\vartheta - \Sigma\mu\rho\sin\varepsilon]\cos\alpha\,\frac{d^2\alpha}{dt^2} + [(v'_o+v_{\prime})\sin\vartheta - \Sigma\mu\rho\sin\varepsilon]\sin\alpha\,\frac{d\alpha^2}{dt^2}$$

$$+\,k\cos\vartheta\Lambda\,.\,2\cos\varphi\,\Sigma_1^\infty i\,A_i\sin 2i\alpha\,.\,\frac{d^2\alpha}{dt^2} + k\cos\vartheta\Lambda\,.\,4\cos\varphi\,\Sigma_1^\infty i^2 A_i\cos 2i\alpha\,.\,\frac{d\alpha^2}{dt^2}\,;$$

Equation (x),

Somme des termes $+\cos\vartheta\, My\,\dfrac{d^2z}{dt^2} - \sin\vartheta\, My\,\dfrac{d^2x}{dt^2}$:

$$+\,[(v_o+v_{\prime})\sin\vartheta - \Sigma\mu\rho\sin\varepsilon]\sin\alpha\,\frac{d^2\alpha}{dt^2} + [(v_o+v_{\prime})\sin\vartheta - \Sigma\mu\rho\sin\varepsilon]\cos\alpha\,\frac{d\alpha^2}{dt^2}$$

$$+\,[(v'_o+v_{\prime})\cos\vartheta + \Sigma\mu\rho\cos\varepsilon]\cos\alpha\,\frac{d^2\alpha}{dt^2} - [(v'_o+v_{\prime})\cos\vartheta + \Sigma\mu\rho\cos\varepsilon]\sin\alpha\,\frac{d\alpha^2}{dt^2}$$

$$+\,k\sin\vartheta\Lambda\,.\,2\cos\varphi\,\Sigma_1^\infty i\,A_i\sin 2i\alpha\,.\,\frac{d^2\alpha}{dt^2} + k\sin\vartheta\Lambda\,.\,4\cos\varphi\,\Sigma_1^\infty i^2 A_i\cos 2i\alpha\,.\,\frac{d\alpha^2}{dt^2}\,;$$

Equation (y),

Posons, pour abréger :

$$\left.\begin{aligned}
&S = M'r^2\frac{B'}{B} + \Sigma M'''C'''^2 + \Sigma n'M''''I''''^2 + \Sigma\mu\rho^2 + \Sigma\mu t^2,\\
&\tfrac{1}{2}T\,\Sigma M = \cos(q'-\vartheta)(M''a + kA\cos\varphi)\\
&\qquad\qquad + \cos q'[M_f L_f + \Sigma M'''L''' + \Sigma M^v L^v + \Sigma\mu l]\\
&\qquad\qquad - \sin q[M_f N_f + \Sigma M^v N^v],\\
&S' = M_f N_f + \Sigma M^v N^v - \sin t[M''a + kA\cos\varphi].
\end{aligned}\right\} \quad (49\ bis)$$

Les quantités S, T_o et S^l seront des constantes, et l'on aura, en effectuant les développements nécessaires.

$$S^o\ \text{d. ter.} + \left[g\cos(g'-\theta)-\sin\theta\,\frac{d\theta}{dt}\right]Mx - \left[g\sin(g'-\theta)-\cos\theta\,\frac{d\theta}{dt}\right]Mz$$

$$+\frac{1}{2}g\,\Gamma\,\Sigma M \qquad\qquad +\frac{d\theta}{dt}S$$

$$+g\cos g'[(u_x+u_y)\cos\theta+\Sigma\mu\rho\cos\theta]\cos\alpha-\frac{d\theta}{dt}[(u_x+u_y)\sin\theta-\Sigma\mu\rho\sin\theta]\cos\alpha$$

$$+g\sin g'[(u_x+u_y)\sin\theta-\Sigma\mu\rho\sin\theta]\cos\alpha$$

$$+g\cos g'[(u'_x+u_y)\sin\theta-\Sigma\mu\rho\sin\theta]\sin\alpha+\frac{d\theta}{dt}[u'_x+u_y)\cos\theta+\Sigma\mu\rho\cos\theta]\sin\alpha$$

$$-g\sin g'[(u'_x+u_y)\cos\theta+\Sigma\mu\rho\cos\theta]\sin\alpha$$

$$+g\cos(g'-\theta)k.\cos\varphi\,\Sigma_1^\infty A_i\cos 2i\varphi \qquad -\frac{d\theta}{dt}k\sin\theta.\cos\varphi\,\Sigma_1^\infty A_i\cos 2i\varphi.$$

$$\text{Somme des termes}\quad +M\left(z\,\frac{d^2x}{dt^2}-x\,\frac{d^2z}{dt^2}\right)+MI^2\,\frac{d^2\gamma''}{dt^2}:$$

$$-S\,\frac{d^2\alpha}{dt^2}$$

$$+(w_y-w_x\cos\theta-\Sigma\mu\rho l\cos\theta)\cos\alpha\,\frac{d^2\alpha}{dt^2}-(w_x-w_x\cos\theta-\Sigma\mu\rho l\cos\theta)\sin\alpha\,\frac{d\alpha^2}{dt^2}$$

$$-(w_x\sin\theta-\Sigma\mu\rho l\sin\theta)\sin\alpha\,\frac{d^2\alpha}{dt^2} \qquad -(w_x\sin\theta-\Sigma\mu\rho l\sin\theta)\cos\alpha\,\frac{d\alpha^2}{dt^2}$$

$$+\frac{w_x}{B_x}\Sigma_1^\infty B_i\cos(2i+1)\alpha.\frac{d^2\alpha}{dt^2} \qquad -\frac{w_x}{U_x}\Sigma_1^\infty(2i+1)B_i\sin(2i+1)\alpha.\frac{d\alpha^2}{dt^2}.$$

Règles pour déduire des résultats précédents les valeurs des Sommes dans les équations (26) et (27), étendues aux deux machines dont se compose la locomotive.

16. Pour déduire des valeurs précédentes celles qui se rapportent à la machine située du côté des y négatifs, il suffira d'y changer α en $\alpha+\frac{\pi}{2}$, (π désignant le rapport de la circonférence au diamètre), et d'y changer en même temps les signes des valeurs de y. Nous supposons que la manivelle située du côté des y négatifs soit en avant de celle que nous

avons considérée jusqu'ici, d'un angle droit compté dans le sens de α. Nous sommes en effet autorisés à la supposer en avant, puisque le côté des y positifs restant indéterminé, on pourra toujours le choisir en sorte que cette hypothèse soit réalisée. Quant aux facteurs $\dfrac{d^2\alpha}{dt^2}$ et $\dfrac{d\alpha^2}{dt^2}$, ils sont communs aux termes correspondants des deux machines, à cause de la liaison des manivelles.

C'est ici le lieu de rappeler que nous avons admis pour les roues motrices munies de contrepoids la possibilité de déroger à la loi de symétrie du n° 2. Pour distinguer les termes dépendants des contrepoids et qui sont relatifs à la machine située du côté des y négatifs, nous écrirons ρ_1 et ε_1 à la place de ρ et ε dans ces termes, en laissant le même μ pour deux contrepoids conjugués, à cause de la condition d'égalité des masses de ces organes, condition qui nous a permis de supprimer certains termes dans les équations générales.

Si nous nous reportons aux expressions des sommes dans le n° précédent, nous observerons que tous les coefficients binômes ou trinômes qui multiplient $\sin\alpha$ et $\cos\alpha$ peuvent être mis sous la forme

$$K \pm \Sigma,$$

en désignant par Σ la somme des termes en $\mu\rho$ (*); ce sont d'ailleurs les seuls termes qui dépendent des contrepoids. Pour distinguer les termes de même forme qui se rapportent à

(*) Par exemple, si l'on considère le coefficient

$$(u_0 + u_1)\cos\vartheta + 2\mu\rho\cos\varepsilon,$$

K représentera $(u_0 + u_1)\cos\vartheta$, et Σ représentera $2\mu\rho\cos\varepsilon$; dans ce cas il faudra affecter Σ du signe +.

Autre exemple; considérons le coefficient

$$u_0 - u_1\cos\vartheta - 2\mu\rho\cos\varepsilon,$$

K désignera $u_0 - u_1\cos\vartheta$, et Σ tiendra lieu de $2\mu\rho\cos\varepsilon$; mais alors on devra faire précéder Σ du signe —.

la machine située du côté des y négatifs, nous désignerons ces coefficients par

$$K \pm \Sigma_1,$$

K restant le même que dans l'expression précédente, et l'indice 1 rappelant que les lettres ρ et c, comprises sous les sommes Σ, devront être marquées par l'indice 1.

Occupons-nous, en premier lieu, des termes qui ne sont point affectés du facteur y, ou qui font partie des équations $[x]$, $[z]$ et (y).

1° Les termes non affectés de facteurs trigonométriques donneront lieu, pour la machine située du côté des y négatifs, à des termes égaux, en sorte que la somme des termes étendue aux deux machines s'obtiendra en doublant les termes de cette espèce qui se trouvent dans les expressions du n° 15.

2° Les termes de la forme $(K \pm \Sigma)\sin z$ devront être changés en

$$(K \pm \Sigma)\sin z + (K \pm \Sigma_1)\cos z,$$

à cause de $\sin\left(z + \dfrac{\pi}{2}\right) = \cos z$.

Les termes de la forme $(K \pm \Sigma)\cos z$ donneront

$$(K \pm \Sigma)\cos z - (K \pm \Sigma_1)\sin z,$$

à cause de $\cos\left(z + \dfrac{\pi}{2}\right) = -\sin z$.

3° Les termes en $\dfrac{\sin}{\cos}2ix$ (*) ont pour facteurs des constantes indépendantes de y ou des contrepoids : ces facteurs restent donc les mêmes dans les deux machines. Il s'ensuit qu'en faisant abstraction de ces mêmes facteurs, il faudra changer

$$\sin 2ix \quad \text{en} \quad \sin 2ix + \sin 2i\left(x + \frac{\pi}{2}\right),$$

$$\cos 2ix \quad \text{en} \quad \cos 2ix + \cos 2i\left(x + \frac{\pi}{2}\right),$$

(*) Nous avertissons que le symbole $\dfrac{\sin}{\cos}2ix$ signifie $\sin 2ix$ ou $\cos 2ix$.

dans les expressions du n° 15, pour avoir les sommes étendues à la locomotive entière. Nous pourrions obtenir de diverses manières les valeurs simplifiées des fonctions trigonométriques que nous venons d'écrire ; pour suivre une méthode uniforme, nous ferons usage des formules qui servent à convertir les sommes de sinus et de cosinus en produits. Ces formules donnent

$$\sin 2i\alpha + \sin 2i\left(\alpha + \frac{\pi}{2}\right) = 2\cos i\frac{\pi}{2}\sin\left(2i\alpha + i\frac{\pi}{2}\right)$$

$$= 2\cos i\frac{\pi}{2}\left(\sin 2i\alpha \cos i\frac{\pi}{2} + \cos 2i\alpha \sin i\frac{\pi}{2}\right)$$

$$= 2\cos^2 i\frac{\pi}{2}\sin 2i\alpha + \sin i\pi \cos 2i\alpha.$$

Mais on a $\sin i\pi = 0$. La somme des cosinus étant effectuée de la même manière, il viendra

$$\sin 2i\alpha + \sin 2i\left(\alpha + \frac{\pi}{2}\right) = 2\cos^2 i\frac{\pi}{2}\sin 2i\alpha,$$

$$\cos 2i\alpha + \cos 2i\left(\alpha + \frac{\pi}{2}\right) = 2\cos^2 i\frac{\pi}{2}\cos 2i\alpha.$$

Or $\cos^2 i\frac{\pi}{2}$ est nul pour i impair, et égal à $+1$ pour i pair. Afin de n'avoir point à faire cette distinction dans les sommes Σ qui portent sur les fonctions $\frac{\sin}{\cos}2i\alpha$, on voit qu'il suffit d'y changer i en $2i$, en conservant la limite inférieure des indices i égale à l'unité. De cette manière on a

$$\Sigma_1^\infty A_i\cos 2i\alpha + \Sigma_i^\infty A_i\cos 2i\left(\alpha + \frac{\pi}{2}\right) = 2\Sigma_1^\infty A_{2i}\cos 4i\alpha,$$

$$\Sigma_1^\infty iA_i\sin 2i\alpha + \Sigma_i^\infty iA_i\sin 2i\left(\alpha + \frac{\pi}{2}\right) = 2\Sigma_1^\infty 2iA_{2i}\sin 4i\alpha,$$

$$\Sigma_1^\infty i^2A_i\cos 2i\alpha + \Sigma_i^\infty i^2A_i\cos 2i\left(\alpha + \frac{\pi}{2}\right) = 2\Sigma_1^\infty (2i)^2A_{2i}\cos 4i\alpha.$$

4° Les termes en $(2i+1)\alpha$ donneront

$$\sin(2i+1)\alpha + \sin(2i+1)\left(\alpha + \frac{\pi}{2}\right) = 2\cos(2i+1)\frac{\pi}{4}\sin(2i+1)\left(\alpha + \frac{\pi}{4}\right),$$

$$\cos(2i+1)\alpha + \cos(2i+1)\left(\alpha + \frac{\pi}{2}\right) = 2\cos(2i+1)\frac{\pi}{4}\cos(2i+1)\left(\alpha + \frac{\pi}{4}\right).$$

Le développement du facteur indépendant de x est

$$2\cos(2i+1)\frac{\pi}{4}=2\left(\cos i\frac{\pi}{2}\cos\frac{\pi}{4}-\sin i\frac{\pi}{2}\sin\frac{\pi}{4}\right)=\sqrt{2}\left(\cos i\frac{\pi}{2}-\sin i\frac{\pi}{2}\right).$$

Cette formule donne :

pour i pair, $\quad 2\cos(2i+1)\frac{\pi}{4}=(-1)^{\frac{i}{2}}\sqrt{2}$,

pour i impair, $2\cos(2i+1)\frac{\pi}{4}=-(-1)^{\frac{i-1}{2}}\sqrt{2}=(-1)^{\frac{i+1}{2}}\sqrt{2}$.

Il en résulte la série de valeurs suivantes :

i	1	2	3	4	5	6	7	8	......
$2\cos(2i+1)\frac{\pi}{4}$	$-\sqrt{2}$	$-\sqrt{2}$	$+\sqrt{2}$	$+\sqrt{2}$	$-\sqrt{2}$	$-\sqrt{2}$	$+\sqrt{2}$	$+\sqrt{2}$	......

En conservant la valeur algébrique de cette quantité, on aura

$$\Sigma_i^\infty B_i\cos(2i+1)x+\Sigma_i^\infty B_i\cos(2i+1)\left(x+\frac{\pi}{2}\right)=$$

$$=\Sigma_i^\infty 2\cos(2i+1)\frac{\pi}{4}B_i\cos(2i+1)\left(x+\frac{\pi}{4}\right),$$

$$\Sigma_i^\infty(2i+1)B_i\sin(2i+1)x+\Sigma_i^\infty(2i+1)B_i\sin(2i+1)\left(x+\frac{\pi}{2}\right)=$$

$$=\Sigma_i^\infty 2\cos(2i+1)\frac{\pi}{4}(2i+1)B_i\sin(2i+1)\left(x+\frac{\pi}{4}\right).$$

Passons maintenant aux termes affectés du facteur y, ou qui font partie des équations (z) et (x). (Voir le tableau du n° 15.) Nous avons dit que pour avoir les termes relatifs à la machine située du côté des y négatifs, il fallait non seulement changer x en $x+\frac{\pi}{2}$, mais, en outre, changer les signes des valeurs de y.

1° Il résulte de ce qui précède que, s'il y avait des termes indépendants de facteurs trigonométriques, ces termes devraient être annulés dans les sommes relatives à la locomotive entière. Mais les équations (z) et (x) ne contiennent pas de pareils termes.

2° Les termes de la forme $(K \pm \Sigma)\sin\alpha$ donneront pour la machine située du côté des y négatifs, des termes de la forme $-(K \pm \Sigma_i)\sin\left(\alpha + \frac{\pi}{2}\right)$; ceux de la forme $(K \pm \Sigma)\cos\alpha$ donneront pareillement $-(K \pm \Sigma_i)\cos\left(\alpha + \frac{\pi}{2}\right)$, en sorte que, pour avoir les sommes de ces termes étendues à la locomotive entière, il faudra, à la place de $(K \pm \Sigma)\sin\alpha$, écrire

$$(K \pm \Sigma)\sin\alpha - (K \pm \Sigma_i)\cos\alpha,$$

et changer $(K \pm \Sigma)\cos\alpha$ en

$$(K \pm \Sigma)\cos\alpha + (K \pm \Sigma_i)\sin\alpha.$$

3° Les termes en $\frac{\sin}{\cos}2i\alpha$, ainsi que nous l'avons dit plus haut, ont pour facteurs constants des quantités communes aux deux machines; en faisant abstraction de ces facteurs, il faudra donc, pour avoir les sommes étendues à la locomotive entière, changer, dans les expressions du n° 15,

$$\sin 2i\alpha \quad \text{en} \quad \sin 2i\alpha - \sin 2i\left(\alpha + \frac{\pi}{2}\right),$$

$$\cos 2i\alpha \quad \text{en} \quad \cos 2i\alpha - \cos 2i\left(\alpha + \frac{\pi}{2}\right).$$

En procédant comme ci-dessus, il viendra

$$\sin 2i\alpha - \sin 2i\left(\alpha + \frac{\pi}{2}\right) = 2\sin^2 i\frac{\pi}{2}\sin 2i\alpha,$$

$$\cos 2i\alpha - \cos 2i\left(\alpha + \frac{\pi}{2}\right) = 2\sin^2 i\frac{\pi}{2}\cos 2i\alpha.$$

Ces deux derniers résultats sont nuls pour i pair, et se réduisent respectivement à $2\sin 2i\alpha$ et $2\cos 2i\alpha$ pour toutes les valeurs impaires de i. Afin de n'avoir égard qu'aux valeurs impaires de i dans les sommes Σ qui portent sur les fonctions $\frac{\sin}{\cos}2i\alpha$, nous changerons i en $2i+1$; mais comme ces sommes s'étendent depuis $i=1$ jusqu'à $i=\infty$, nous devrons, pour comprendre les termes qui répondent à $i=1$, substituer la limite $i=o$ à la limite $i=1$. Il viendra de cette manière

$$\Sigma_1^\infty iA_i\sin 2iz - \Sigma_1^\infty iA_i\sin 2i\left(z+\frac{\pi}{2}\right)=2\Sigma_0^\infty(2i+1)A_{2i+1}\sin(4i+2z),$$

$$\Sigma_1^\infty i^2A_i\cos 2iz - \Sigma_1^\infty i^2A_i\cos 2i\left(z+\frac{\pi}{2}\right)=2\Sigma_0^\infty(2i+1)^2A_{2i+1}\cos(4i+2)z.$$

Les différents résultats qui viennent d'être obtenus doivent maintenant être rapprochés, afin de faciliter la formation des équations du problème. Voici donc, sous forme de tableau, l'indication des substitutions à effectuer dans les expressions des sommes données au n° 15, lesquelles se rapportent à la machine située du côté des y positifs, pour obtenir la valeur de ces mêmes sommes étendues aux deux machines dont se compose une locomotive.

Au lieu des facteurs	Substituer dans les Sommes inscrites au n° 15 et provenant des	
	Equations $[x]$, $[z]$ et (y),	Equations (z) et (x),
1	2	»
la forme $(K\pm\Sigma)\sin z$	$(K\pm\Sigma)\sin z + (K\pm\Sigma_i)\cos z$	$(K\pm\Sigma)\sin z - (K\pm\Sigma_i)\cos z$
la forme $(K\pm\Sigma)\cos z$	$(K\pm\Sigma)\cos z - (K\pm\Sigma_i)\sin z$	$(K\pm\Sigma)\cos z + (K\pm\Sigma_i)\sin z$
$\Sigma_1^\infty A_i\cos 2iz$	$2\Sigma_1^\infty A_i\cos 4iz$	»
$\Sigma_1^\infty iA_i\sin 2iz$	$2\Sigma_1^\infty 2iA_i\sin 4iz$	$2\Sigma_0^\infty(2i+1)A_{2i+1}\sin(4i+2)z$
$\Sigma_1^\infty i^2A_i\cos 2iz$	$2\Sigma_1^\infty(2i)^2A_i\cos 4iz$	$2\Sigma_0^\infty(2i+1)^2A_{2i+1}\cos(4i+2)z$
$\Sigma_1^\infty B_i\cos(2i+1)z$	$\Sigma_1^\infty 2\cos(2i+1)\frac{\pi}{4}B_i\cos(2i+1)\left(z+\frac{\pi}{4}\right)$	»
$(2i+1)B_i\sin(2i+1)z$	$\Sigma_1^\infty 2\cos(2i+1)\frac{\pi}{4}(2i+1)B_i\sin(2i+1)\left(z+\frac{\pi}{4}\right)$	»

(59)

(*)

(*) La comparaison des deux dernières colonnes de ce tableau avec la première montre que la combinaison des deux machines ne change pas l'ordre

En opérant dans les expressions du n° 15 toutes les substitutions indiquées par le précédent tableau, on pourra former avec la plus grande facilité les seconds membres des équations (26) et (27). Seulement, pour simplifier l'écriture, nous poserons :

$$\left.\begin{array}{ll} U = u_i + u_i, & U' = u'_i + u_i, \\ V = v_i + v_{ei}, & V' = v'_i + v_i, \end{array}\right\} \quad (31)$$

Il nous reste à recueillir les éléments constitutifs des premiers membres de nos équations (26) et (27).

FORCES EXTÉRIEURES DIFFÉRENTES DE LA PESANTEUR, ET COORDONNÉES DE LEURS POINTS D'APPLICATION.

17. Nous négligerons, dans les équations (26) et (27), la différence des pressions atmosphériques qui s'exercent sur la colonne ascendante de vapeur et de fumée d'une part, et la partie extérieure de la boîte à fumée qui répond à la projection de la section droite de la cheminée sur le plan des xy de l'autre. Nous traiterons de même la différence de pression atmosphérique sur l'ouverture libre de la grille et sa projection sur la partie supérieure de la boîte à feu. Enfin nous négligerons pareillement la différence des pressions atmosphériques sur les faces latérales de la locomotive ; mais nous aurons égard à la composante de la résistance de l'air parallèle à la voie.

X, Y, Z, désignant généralement les composantes des forces

---

de grandeur des termes principaux dans une machine isolée ; les termes principaux répondent au facteur 1 ou aux facteurs en $\sin z$ ou $\cos z$ dans la première colonne.

Les termes du deuxième ordre qui répondent à $i = 1$ (voir n° 13) dans A_i se changent en termes du quatrième ordre dans les équations (z), (λ) et (y), avec cette circonstance que leur période est réduite à moitié. Les termes du deuxième ordre en B_i, et qui proviennent de la bielle, y conservent leur ordre et leur période ; seulement cette période n'est que les deux tiers de la période des termes en A_i.

Les termes du deuxième ordre en A_i conservent cet ordre et leur période dans les équations (z) et (x).

extérieures différentes de la pesanteur, et x', y', z', les coordonnées de leurs points d'application, soient :

—Q la composante de la réaction exercée par le convoi, parallèlement à l'axe des x ou à la voie;

—Q' la composante de la résistance de l'air parallèle au
même axe;

F la somme des composantes, suivant l'axe des x, des réactions des rails exercées sur les roues qui sont situées du côté
des y positifs;

$F_{,}$ la même somme pour le côté des y négatifs ;

G la somme des composantes, suivant l'axe des y, des réactions exercées par les rails sur les deux roues dont l'axe de
l'essieu a pour abscisse l mesurée parallèlement à la voie;

G', G'', les mêmes sommes de composantes pour les paires
de roues dont les axes ont l' et l'' pour abscisses ;

—H la composante, suivant l'axe des z, de la réaction exercée sur la roue située du côté des y positifs, dont l'abscisse
est l;

—$H_{,}$ la même composante pour la roue opposée;

—H', —$H'_{,}$; —H'', —$H''_{,}$, les mêmes composantes relativement aux deux autres paires de roues ;

E la demi-largeur de la voie;

R le rayon des roues motrices.

Nous aurons le tableau suivant des composantes et des coordonnées de leurs points d'application :

X	y'	z'	Y	z'	x'	Z	x'	y'
+F	+E	+R	+G	+R	+l	—H	+l	+E
+$F_{,}$	—E	+R	+G'	+R	+l'	—$H_{,}$	+l	—E
—Q	o	+q	+G''	+R	+l''	—H'	+l'	+E
—Q'	o	+q'				—$H'_{,}$	+l'	—E
						—H''	+l''	+E
						—$H''_{,}$	+l''	—E

ÉQUATIONS DÉVELOPPÉES DES MOUVEMENTS DE TRANSLATION ET DE ROTATION (26) ET (27).

18. Le tableau qui termine le numéro précédent nous fournit tout ce qui est nécessaire pour la formation des premiers membres des équations (26) et (27). Quant aux seconds membres, nous aurons à opérer dans les expressions des sommes présentées au n° 15, les substitutions indiquées dans le tableau (50), en ayant égard en outre aux valeurs (51).

En nous reportant aux équations (26) et (27) et ayant le soin de passer dans les seconds membres les composantes ou moments qui ne se rapportent pas aux réactions exercées par les rails, nous aurons les équations suivantes, dans lesquelles tous les termes affectés de $\sin\alpha$ ou $\cos\alpha$ se trouvent réunis en un seul, et le facteur λ, qui est commun aux termes embrassés par les sommes Σ, est mis en dehors du signe Σ.

Équation $[x]$,

$$\begin{aligned}
\mathrm{F}+\mathrm{F}_1 = \mathrm{Q}+\mathrm{Q}'+\left(\frac{dv}{dt}-g\sin g'\right)\Sigma\mathrm{M} \\
-\left\{\begin{array}{l} +[\mathrm{U}\cos\theta+\mathrm{U}'\sin\theta+\Sigma\mu\rho\cos e-\Sigma\mu\rho_1\sin e_1]\sin\alpha \\ +[\mathrm{U}\cos\theta-\mathrm{U}'\sin\theta+\Sigma\mu\rho\sin e+\Sigma\mu\rho_1\cos e_1]\cos\alpha \end{array}\right\}\frac{d^2\alpha}{dt^2} \\
-\left\{\begin{array}{l} +[\mathrm{U}\cos\theta+\mathrm{U}'\sin\theta+\Sigma\mu\rho\cos e-\Sigma\mu\rho_1\sin e_1]\cos\alpha \\ -[\mathrm{U}\cos\theta-\mathrm{U}'\sin\theta+\Sigma\mu\rho\sin e+\Sigma\mu\rho_1\cos e_1]\sin\alpha \end{array}\right\}\frac{d\alpha^2}{dt^2} \\
-k\cos\theta.4\cos\varphi\Sigma_1^\infty 2i\mathrm{A}_{2i}\sin 4i\alpha.\frac{d^2\alpha}{dt^2} \\
-k\cos\theta.8\cos\varphi\Sigma_1^\infty(2i)^2\mathrm{A}_{2i}\cos 4i\alpha.\frac{d\alpha^2}{dt^2}
\end{aligned}$$

Équation $[y]$,

$$\mathrm{G}+\mathrm{G}'+\mathrm{G}''=0.$$

$$\text{Équation } [z],$$

$$-[\mathrm{H} + \mathrm{H}' + \mathrm{H}'' + \mathrm{H}, + \mathrm{H}', + \mathrm{H}'',] = -g\cos\vartheta'\,\Sigma\mathrm{M}$$

$$+ \left\{ \begin{array}{l} + [\mathrm{U}\sin\vartheta - \mathrm{U}'\cos\vartheta - \Sigma\mu\rho\sin e - \Sigma\mu\rho,\cos e,]\sin\alpha \\ + [\mathrm{U}\sin\vartheta + \mathrm{U}'\cos\vartheta + \Sigma\mu\rho\cos e - \Sigma\mu\rho,\sin e,]\cos\alpha \end{array} \right\} \frac{d^2\alpha}{dt^2}$$

$$+ \left\{ \begin{array}{l} + [\mathrm{U}\sin\vartheta - \mathrm{U}'\cos\vartheta - \Sigma\mu\rho\sin e - \Sigma\mu\rho,\cos e,]\cos\alpha \\ - [\mathrm{U}\sin\vartheta + \mathrm{U}'\cos\vartheta + \Sigma\mu\rho\cos e - \Sigma\mu\rho,\sin e,]\sin\alpha \end{array} \right\} \frac{d\alpha^2}{dt^2}$$

$$+ k\sin\vartheta.4\cos\varphi\,\Sigma_1^\infty 2i\mathrm{A},,\sin 4i\alpha.\frac{d^2\alpha}{dt^2}$$

$$+ k\sin\vartheta.8\cos\varphi\,\Sigma_1^\infty(2i)^2\mathrm{A},,\cos 4i\alpha.\frac{d\alpha^2}{dt^2}.$$

$$\text{Équation } (z),$$

$$\mathrm{G}l + \mathrm{G}'l' + \mathrm{G}''l'' - (\mathrm{F} - \mathrm{F},)\mathrm{E} =$$

$$+ \left\{ \begin{array}{l} + [\mathrm{V}\cos\vartheta - \mathrm{V}'\sin\vartheta + \lambda\Sigma\mu\rho\cos e + \lambda\Sigma\mu\rho,\sin e,]\sin\alpha \\ - [\mathrm{V}\cos\vartheta + \mathrm{V}'\sin\vartheta - \lambda\Sigma\mu\rho\sin e + \lambda\Sigma\mu\rho,\cos e,]\cos\alpha \end{array} \right\} \frac{d^2\alpha}{dt^2}$$

$$+ \left\{ \begin{array}{l} + [\mathrm{V}\cos\vartheta - \mathrm{V}'\sin\vartheta + \lambda\Sigma\mu\rho\cos e + \lambda\Sigma\mu\rho,\sin e,]\cos\alpha \\ + [\mathrm{V}\cos\vartheta + \mathrm{V}'\sin\vartheta - \lambda\Sigma\mu\rho\sin e + \lambda\Sigma\mu\rho,\cos e,]\sin\alpha \end{array} \right\} \frac{d\alpha^2}{dt^2}$$

$$+ k\cos\vartheta\Lambda.4\cos\varphi\,\Sigma_0^\infty(2i+1)\mathrm{A}_{,i+,}\sin(4i+2)\alpha.\frac{d^2\alpha}{dt^2}$$

$$+ k\cos\vartheta\Lambda.8\cos\varphi\,\Sigma_0^\infty(2i+1)^2\mathrm{A}_{,i+,}\cos(4i+2)\alpha.\frac{d\alpha^2}{dt^2}.$$

$$\text{Équation } (x),$$

$$[\mathrm{H}, + \mathrm{H}', + \mathrm{H}'', - (\mathrm{H} + \mathrm{H}' + \mathrm{H}'')]\mathrm{E} - (\mathrm{G} + \mathrm{G}' + \mathrm{G}'')\mathrm{R} =$$

$$+ \left\{ \begin{array}{l} + [\mathrm{V}\sin\vartheta + \mathrm{V}'\cos\vartheta - \lambda\Sigma\mu\rho\sin e + \lambda\Sigma\mu\rho,\cos e,]\sin\alpha \\ - [\mathrm{V}\sin\vartheta - \mathrm{V}'\cos\vartheta - \lambda\Sigma\mu\rho\cos e - \lambda\Sigma\mu\rho,\sin e,]\cos\alpha \end{array} \right\} \frac{d^2\alpha}{dt^2}$$

$$+ \left\{ \begin{array}{l} + [\mathrm{V}\sin\vartheta + \mathrm{V}'\cos\vartheta - \lambda\Sigma\mu\rho\sin e + \lambda\Sigma\mu\rho,\cos e,]\cos\alpha \\ + [\mathrm{V}\sin\vartheta - \mathrm{V}'\cos\vartheta - \lambda\Sigma\mu\rho\cos e - \lambda\Sigma\mu\rho,\sin e,]\sin\alpha \end{array} \right\} \frac{d\alpha^2}{dt^2}$$

$$+ k\sin\vartheta\Lambda.4\cos\varphi\,\Sigma_0^\infty(2i+1)\mathrm{A}_{,i+,}\sin(4i+2)\alpha.\frac{d^2\alpha}{dt^2}$$

$$+ k\sin\vartheta\Lambda.8\cos\varphi\,\Sigma_0^\infty(2i+1)^2\mathrm{A}_{,i+,}\cos(4i+2)\alpha.\frac{d\alpha^2}{dt^2}.$$

$$\text{Équation } (y),$$

$$(\mathrm{F}+\mathrm{F}_{,})\mathrm{R}+(\mathrm{H}+\mathrm{H}_{,})l+(\mathrm{H}'+\mathrm{H}'_{,})l'+(\mathrm{H}''+\mathrm{H}''_{,})l''=$$

$$\mathrm{Q}q+\mathrm{Q}'q'+g\,\Gamma_{0}\,\Sigma\mathrm{M}+2\,\mathrm{S}'\frac{dv}{dt}-2\mathrm{S}\frac{d^{2}z}{dt^{2}}$$

$$-\left\{\begin{array}{l}g\cos g'[\mathrm{U}\cos\vartheta-\mathrm{U}'\sin\vartheta+\Sigma\mu\rho\sin\varepsilon+\Sigma\rho\rho_{,}\cos\varepsilon_{,}]\\[4pt]+\left(g\sin g'-\dfrac{dv}{dt}\right)[\mathrm{U}\sin\vartheta+\mathrm{U}'\cos\vartheta+\Sigma\mu\rho\cos\varepsilon-\Sigma\rho\rho_{,}\sin\varepsilon_{,}]\end{array}\right\}\sin\alpha$$

$$+\left\{\begin{array}{l}g\cos g'[\mathrm{U}\cos\vartheta+\mathrm{U}'\sin\vartheta+\Sigma\rho\rho_{,}\cos\varepsilon-\Sigma\rho\rho_{,}\sin\varepsilon_{,}]\\[4pt]+\left(g\sin g'-\dfrac{dv}{dt}\right)[\mathrm{U}\sin\vartheta-\mathrm{U}'\cos\vartheta-\Sigma\rho\rho\sin\varepsilon-\Sigma\mu\rho_{,}\cos\varepsilon_{,}]\end{array}\right\}\cos\alpha$$

$$+\left[g\cos(g'-\varphi)-\frac{dv}{dt}\sin\vartheta\right]k.\,2\cos\varphi\,\Sigma_{1}^{\infty}\,\mathrm{A}_{,i}\cos 2ix$$

$$-\left\{\begin{array}{l}+[w_{0}-w_{,}\cos\vartheta+w_{,}\sin\vartheta-\Sigma\mu\rho l\sin\varepsilon-\Sigma\rho\rho_{,}l\cos\varepsilon_{,}]\sin\alpha\\[4pt]-[w_{0}-w_{,}\cos\vartheta-w_{,}\sin\vartheta-\Sigma\mu\rho l\cos\varepsilon+\Sigma\rho\rho_{,}l\sin\varepsilon_{,}]\cos\alpha\end{array}\right\}\frac{d^{2}\alpha}{dt^{2}}$$

$$-\left\{\begin{array}{l}+[w_{0}-w_{,}\cos\vartheta+w_{,}\sin\vartheta-\Sigma\rho\rho l\sin\varepsilon-\Sigma\rho\rho_{,}l\cos\varepsilon_{,}]\cos\alpha\\[4pt]+[w_{0}-w_{,}\cos\vartheta-w_{,}\sin\vartheta-\Sigma\mu\rho l\cos\varepsilon+\Sigma\rho\rho_{,}l\sin\varepsilon_{,}]\sin\alpha\end{array}\right\}\frac{d\alpha^{2}}{dt^{2}}$$

$$+\frac{w_{,}}{\mathrm{R}_{0}}\Sigma_{1}^{\infty}\,2\cos(2i+1)\frac{\pi}{4}\,\mathrm{B}_{i}\cos(2i+1)\left(\alpha+\frac{\pi}{4}\right).\frac{d^{2}\alpha}{dt^{2}}$$

$$-\frac{w_{,}}{\mathrm{B}_{0}}\Sigma_{1}^{\infty}\,2\cos(2i+1)\frac{\pi}{4}(2i+1)\mathrm{B}_{i}\sin(2i+1)\left(\alpha+\frac{\pi}{4}\right).\frac{d\alpha^{2}}{dt^{2}}$$

FORMATION DES ÉQUATIONS DE CONDITION RELATIVES A LA STABILITÉ, ET TRANSFORMATION DES PRÉCÉDENTES ÉQUATIONS.

10. Nous allons mener de front deux opérations distinctes quant au but : comme elles se rattachent à la même analyse, on nous permettra de les confondre un instant ; nous éviterons de cette manière de reproduire certains calculs algébriques.

En faisant l'application des six équations du n° 18 à une locomotive munie ou non de contrepoids, on obtiendrait à chaque instant les sommes des projections des réactions exercées par les rails suivant les axes x, y, z, et les moments de ces composantes par rapport aux mêmes axes. Ces quantités seraient données en fonctions de la résistance Q opposée par le train, de la résistance de l'air Q', puis de l'angle α de la manivelle avec l'axe du piston, du carré de la vitesse angulaire, et de l'accroissement de cette vitesse par unité de temps. (La quantité $\frac{dv}{dt}$ est elle-même proportionnelle à cet accroissement en vertu de l'équation (8), lorsqu'il ne se produit pas de glissement longitudinal des roues motrices.) La variation de vitesse doit être censée donnée par des instruments appropriés à ce genre de mesure, autrement il faudrait la tirer de l'équation (22) développée, en fonction de la vitesse, et au moyen de la loi supposée fournie par d'autres instruments, suivant laquelle la pression de la vapeur agit sur les pistons dans chaque position des manivelles. Nous reprendrons la discussion de nos équations après que nous leur aurons donné une forme plus commode pour les calculs numériques.

Le but essentiel de notre travail consiste, d'autre part, à tirer de ces équations les conditions que doivent remplir les masses mobiles pour réaliser la plus grande stabilité possible.

Nous avons établi (n° 5) que les conditions relatives à l'invariabilité des réactions exercées par les rails, en ce qui concerne la constitution de la locomotive elle-même, se réduisent, lorsque l'on fait abstraction de l'élasticité, à l'invariabilité des sommes de leurs composantes et de leurs moments. En observant que ces quantités sont, pour des valeurs données de Q et Q', fonctions des seules variables α, $\frac{d^2\alpha}{dt^2}$ ou $\frac{1}{R}\frac{dv}{dt}$, et $\frac{d\alpha^2}{dt^2}$, on est conduit à égaler à zéro, dans les seconds membres des équations du numéro précédent, la somme des coefficients des termes de même espèce (*) qui contiennent ces variables. Les

---

(*) Nous désignons par termes de même espèce ceux qui sont affectés des mêmes facteurs variables. Ainsi les termes en $\frac{d^2\alpha}{dt^2}$ ou $\frac{d\alpha^2}{dt^2}$ qui comprennent un coefficient de la forme

$$A \sin\alpha + B \cos\alpha,$$

équivalent en réalité à deux termes distincts, si l'on pose en effet

$$A \sin\alpha + B \cos\alpha = a_1,$$

dans le but d'annuler un terme en $\frac{d^2\alpha}{dt^2}$ ou $\frac{d\alpha^2}{dt^2}$ pour toute valeur de l'angle α,

relations que l'on obtiendra ainsi serviront à déterminer certaines quantités, masses ou dimensions, qui ne seront pas fixées d'une manière absolue par des conditions d'une autre nature. Nous pourrons nous assurer si ces relations n'indiquent aucune incompatibilité ou impossibilité, en observant toutefois que les termes affectés de $\frac{d^2x}{dt^2}$ ont moins d'importance. En effet, la bonne distribution de la vapeur, d'une part; d'autre part, la grandeur des masses de la locomotive et du train, ont pour résultat, lorsque les ressorts de traction sont convenablement bandés, de rendre très petite la plus grande valeur de $\frac{d^2x}{dt^2}$, aussitôt que l'on a atteint la vitesse périodiquement uniforme que doit garder le convoi.

Nous allons du même coup écrire les notations abrégées par lesquelles nous remplacerons les coefficients des termes de même espèce pour faciliter le calcul numérique des équations du n° 18 dans les machines non équilibrées ou imparfaitement équilibrées, et les équations de condition qui résultent de ce que ces mêmes coefficients doivent être égalés à zéro. Toutefois, nous donnerons préalablement quelques explications.

Il se présente des conditions impossibles que nous ne ferons pas figurer dans le tableau suivant. Par exemple, l'équation [x], n° 18, nous présente le terme variable $\frac{dv}{dt} \Sigma M$, dont nous ne pouvons pas égaler à zéro le coefficient ΣM. L'équation (y) nous offre deux termes indépendants de z que l'on pourrait réunir en un seul en vertu de l'équation (8); on aurait ainsi la condition

$$RS' - S = 0, \qquad (52)$$

Il faut écrire séparément

$$A = 0, \qquad B = 0.$$

Ceci se prouve très aisément comme il suit : La fonction donnée, devant être nulle pour toute valeur de z, doit être nulle pour $\sin z = 0$; dans cette hypothèse, il vient $\pm B = 0$. Pareillement elle doit s'annuler pour $\cos z = 0$; on a par suite $\pm A = 0$; donc la condition proposée conduit aux deux conditions distinctes $A = 0$, $B = 0$.

sur laquelle nous reviendrons plus loin. Nous laisserons de côté ces termes pour l'instant. Disons seulement qu'ils auront un effet d'autant moins sensible que l'on sera parvenu à rendre plus petites les valeurs extrêmes de $\dfrac{d^2\alpha}{dt^2}$ dans le cas du mouvement périodiquement uniforme ; et aussi que les valeurs de cette quantité, nécessairement sensibles lorsque l'on veut augmenter ou diminuer la vitesse moyenne, ne produiraient aucun effet nuisible relativement à l'usé local des bandages, si l'on parvenait, au moyen d'une distribution convenable de la vapeur, à rendre $\dfrac{d^2\alpha}{dt^2}$ indépendant de l'angle α, et dépendant seulement de la manœuvre du conducteur de la machine pour faire varier la vitesse.

Le tableau suivant présente, en regard des équations de condition, l'indication des équations qui les fournissent, l'ordre (*) de grandeur des termes qu'elles sont destinées à faire disparaître, et les coefficients de ces termes qui ne sont pas des sinus ou cosinus de l'angle α ou de ses multiples.

En jetant un coup d'œil sur les équations de condition que présente le même tableau, on remarquera immédiatement que ces équations sont indépendantes explicitement de l'inclinaison φ' de la voie à l'horizon ; ajoutons qu'elles en sont absolument indépendantes : c'est ce dont on s'assurera en remontant aux expressions (48) et (51) des quantités U, V, etc… Il s'ensuit que les conséquences auxquelles conduira la discussion des équations de condition auront lieu quelle que soit la pente de la voie. On pouvait prévoir aisément ce résultat.

(*) Nous devons rappeler (voir n° 13) que les coefficients A, B, sont de l'ordre 2i lorsque tang φ est supposé être du premier ordre par rapport à l'unité. Nos désignations ne doivent être considérées que comme s'étendant au premier des termes en A ou B compris sous les sommes Σ. Les termes indépendants des coefficients A, B autres que A₀ et B₀ seront considérés comme étant des termes principaux, dont la grandeur relative sera dans quelques cas l'objet d'une discussion spéciale.

Notations	Equations de condition	Equations	Facteurs
(53)	$C\cos\tau = U\cos\vartheta + U'\sin\vartheta + \Sigma\mu_2\cos e - \Sigma\mu\rho_1\sin e_1 = 0,$	$[x]$ (y)	$\frac{d^2x}{dt^2},\ \frac{d_1x}{dt^2}$ $g\cos q'$
	$C\sin\tau = U\cos\vartheta - U'\sin\vartheta + \Sigma\mu\rho\sin e + \Sigma\mu\rho_1\cos e_2 = 0,$	$[x]$ (y)	$\frac{d^2x}{dt^2},\ \frac{d_1x}{dt^2}$ $g\cos q'$
	$C'\cos\tau' = U\sin\vartheta - U'\cos\vartheta - \Sigma\nu\rho\sin e - \Sigma\mu\rho_1\cos e_1 = 0,$	$[z]$ (y)	$\frac{d^2x}{dt^2},\ \frac{d_1x}{dt^2}$ $g\sin q' - \frac{dv}{dt}$
	$C'\sin\tau' = U\sin\vartheta + U'\cos\vartheta + \Sigma\mu\rho\cos e - \Sigma\mu\rho_1\sin e_1 = 0;$	$[z]$ (y)	$\frac{d^2x}{dt^2},\ \frac{d_1x}{dt^2}$ $g\sin q' - \frac{dv}{dt}$
	$D\sin\tau = V\cos\vartheta - V'\sin\vartheta + \lambda\Sigma\mu\rho\cos e + \lambda\Sigma\nu\rho_1\sin e_1 = 0,$	(z)	$\frac{d^2x}{dt^2},\ \frac{d_1x}{dt^2}$
	$D\cos\tau = V\cos\vartheta + V'\sin\vartheta - \lambda\Sigma\mu\rho\sin e + \lambda\Sigma\mu\rho_1\cos e_1 = 0,$	(z)	id. id.
	$D'\sin\tau' = V\sin\vartheta + V'\cos\vartheta - \lambda\Sigma\nu\rho\sin e + \Sigma\mu\rho_1\cos e_1 = 0,$	(x)	id. id.
	$D'\cos\tau' = V\sin\vartheta - V'\cos\vartheta - \lambda\Sigma\mu\rho\cos e - \Sigma\nu\rho_1\sin e_1 = 0;$	(x)	id. id.
(54)	$J\sin\tau = w_q - w_1\cos\vartheta + w_1\sin\vartheta - \Sigma\mu\rho l\sin e - \Sigma\mu\rho_1 l\cos e_1 = 0,$	(y)	id. id.
	$J\cos\tau = w_q - w_1\cos\vartheta - w_1\sin\vartheta - \Sigma\mu\rho l\cos e + \Sigma\nu\rho_1 l\sin e_1 = 0;$	(y)	id. id.
		$[x$	id. id.
		$[z]$	id. id.
(55)	$k = 0,$	(z)	id. id.
		(x)	id. id.
		(y)	$g\cos(q' - t) - \frac{dv}{dt}\sin\vartheta$
(56)	$w_1 = 0.$	(y)	$\frac{d^2x}{dt^2},\ \frac{d_1x}{dt^2}$

20. Avant de nous occuper de la discussion des équations de condition, nous allons transformer les équations du n° 18, en faisant usage des quantités $C\cos\phi$, $C\sin\phi$, etc. L'état de la locomotive étant supposé connu, ces dernières quantités se calculeront aisément par leurs expressions ci-dessus : en les divisant deux à deux on obtiendra les tangentes des angles ϕ, etc., et par suite ces angles eux-mêmes, qui resteront ambigus ; mais cela sera sans inconvénient, puisque les coefficients C, etc., que l'on obtiendra en divisant par $\cos\phi$ ou $\sin\phi$, prendront les signes qui conviennent à la valeur admise de l'angle ϕ.

Voici la forme que ces auxiliaires permettent de donner aux équations du n° 18.

(On a supprimé dans l'équation (x) le terme du premier membre, qui s'annule en vertu de l'équation $[y]$).

Equation $[x]$,

$$F + F' = Q + Q' + \left(\frac{dv}{dt} - g\sin g'\right)\Sigma M$$

$$- C\sin(\alpha + \phi)\frac{d^2\alpha}{dt^2} - C\cos(\alpha + \phi)\frac{d\alpha^2}{dt^2}$$

$$- k\cos\vartheta.4\cos\phi\,\Sigma_1^\infty 2iA_{2i}\sin 4iz.\frac{d^2\alpha}{dt^2}$$

$$- k\cos\vartheta.8\cos\phi\,\Sigma_1^\infty (2i)^2A_{2i}\cos 4iz.\frac{d\alpha^2}{dt^2}$$

Equation $[y]$,

$$G + G' + G'' = 0. \tag{57}$$

Equation $[z]$,

$$-(H + H' + H'' + H_{,} + H'_{,} + H''_{,}) = -g\cos g'\,\Sigma M$$

$$+ C'\sin(\alpha + \phi')\frac{d^2\alpha}{dt^2} + C'\cos(\alpha + \phi')\frac{d\alpha^2}{dt^2}$$

$$+ k\sin\vartheta.4\cos\phi\,\Sigma_1^\infty 2iA_{2i}\sin 4iz.\frac{d^2\alpha}{dt^2}$$

$$+ k\sin\vartheta.8\cos\phi\,\Sigma_1^\infty (2i)^2A_{2i}\cos 4iz.\frac{d\alpha^2}{dt^2}.$$

Equation (z),

$$Gl + G'l' + G''l'' - (F - F_\prime E = -D \cos(\alpha + \gamma)\frac{d^2\alpha}{dt^2} + D \sin(\alpha + \gamma)\frac{d\alpha^2}{dt^2}$$

$$+ k \cos\theta A \cdot 4 \cos_\frac{\varphi}{2} \Sigma_0^\infty (2i+1) A_{i+\frac{1}{2}} \sin(4i+2)\alpha \cdot \frac{d^2\alpha}{dt^2}$$

$$+ k \cos\theta A \cdot 8 \cos\varphi \Sigma_0^\infty (2i+1)^2 A_{i+\frac{1}{2}} \cos(4i+2)\alpha \cdot \frac{d\alpha^2}{dt^2}$$

Equation (x),

$$[H_\prime + H'_\prime + H'' - (H + H' + H'')]E = -D' \cos(\alpha + \gamma')\frac{d^2\alpha}{dt^2} + D' \sin(\alpha + \gamma')\frac{d\alpha^2}{dt^2}$$

$$+ k \sin\theta A \cdot 4 \cos\varphi \Sigma_0^\infty (2i+1) A_{i+\frac{1}{2}} \sin(4i+2)\alpha \cdot \frac{d^2\alpha}{dt^2}$$

$$+ k \sin\theta A \cdot 8 \cos\varphi \Sigma_0^\infty (2i+1)^2 A_{i+\frac{1}{2}} \cos(4i+2)\alpha \cdot \frac{d\alpha^2}{dt^2}$$

Equation (y),

$$(F + F_\prime)R + (H + H_\prime)l + (H' + H'_\prime)l' + (H'' + H''_\prime)l'' =$$

$$Qq + Q'q' + g\Gamma_\prime \Sigma M + 2S'\frac{dv}{dt} - 2S\frac{d^2\alpha}{dt^2}$$

$$+ g \cos g' C \cos(\alpha + \delta) + \left(g \sin g' - \frac{dv}{dt}\right)C' \cos(\alpha + \gamma')$$

$$+ \left[g \cos(g' - \delta) - \frac{dv}{dt}\sin\delta\right]k \cdot 2 \cos_\frac{\varphi}{2} \Sigma_1^\infty A_{\prime\prime} \cos 4i\alpha$$

$$+ J \cos(\alpha + \tau)\frac{d^2\alpha}{dt^2} - J \sin(\alpha + \tau)\frac{d\alpha^2}{dt^2}$$

$$+ \frac{w_\prime}{B_\prime} \Sigma_1^\infty 2 \cos(2i+1)\frac{\pi}{4} B_i \cos(2i+1)\left(\alpha + \frac{\pi}{4}\right) \cdot \frac{d^2\alpha}{dt^2}$$

$$- \frac{w_\prime}{B_\prime} \Sigma_1^\infty 2 \cos(2i+1)\frac{\pi}{4} (2i+1) B_i \sin(2i+1)\left(\alpha + \frac{\pi}{4}\right) \cdot \frac{d\alpha^2}{dt^2}.$$

Ces expressions sont rigoureusement exactes; mais dans la
pratique on pourra les réduire considérablement en conservant une suffisante exactitude.

En faisant complétement abstraction des termes en k dans
les équations $[x]$, $[z]$ et (y), on ne négligera que des termes
du 4e ordre. (Si l'on se reporte à la note du n° 13, on y verra

que la valeur numérique du coefficient A_2, le premier de ceux que l'on néglige sous les sommes Σ n'atteint pas même trois cent-millièmes.)

On pourra dans les autres équations négliger les termes qui sont affectés des coefficients A_2 et B_2, et les sommes Σ se trouveront réduites à leurs premiers termes. Au moyen des valeurs numériques présentées dans la note du n° 13, et qui supposent la longueur de la bielle égale à cinq fois celle de la manivelle, nous avons calculé les expressions suivantes, auxquelles peuvent se réduire les termes en k et ϖ_2 dans cette circonstance :

$$\text{Equation } (z) \begin{cases} + 0{,}040\,4077\, kA \cos\theta\, \sin 2\alpha\, \dfrac{d^2\alpha}{dt^2} \\[2mm] + 0{,}080\,8154\, kA \cos\theta\, \cos 2\alpha\, \dfrac{d\alpha^2}{dt^2}, \end{cases}$$

$$\text{Equation } (x) \begin{cases} + 0{,}040\,4077\, kA \sin\theta\, \sin 2\alpha\, \dfrac{d^2\alpha}{dt^2} \\[2mm] + 0{,}080\,8154\, kA \sin\theta\, \cos 2\alpha\, \dfrac{d\alpha^2}{dt^2}, \end{cases} \qquad (59)$$

$$\text{Equation } (y) \begin{cases} - 0{,}007\,1978\, \varpi_2 \sin\!\left(3\alpha + \dfrac{\pi}{4}\right)\dfrac{d^2\alpha}{dt^2} \\[2mm] - 0{,}021\,5934\, \varpi_2 \cos\!\left(3\alpha + \dfrac{\pi}{4}\right)\dfrac{d\alpha^2}{dt^2}. \end{cases}$$

Dans ces derniers termes, $-\sin\!\left(3\alpha + \dfrac{\pi}{4}\right)$ remplace $\cos 3\!\left(\alpha + \dfrac{\pi}{4}\right)$, tandis que $\cos\!\left(3\alpha + \dfrac{\pi}{4}\right)$ remplace $\sin 3\!\left(\alpha + \dfrac{\pi}{4}\right)$.

Si une plus grande précision était nécessaire, ce qui n'est pas présumable dans le cas des locomotives, rien ne serait plus facile que de calculer des tables des fonctions représentées par les sommes Σ associées aux facteurs $\cos\varphi$ et $\dfrac{1}{B_2}$, pour les valeurs de l'angle α, de 5 en 5 degrés par exemple.

Les équations qui précèdent, étant au nombre de six seulement, ne suffisent pas, si on les applique à une locomotive donnée, pour faire connaître individuellement les valeurs des onze composantes qu'elles renferment. Il faudrait , d'après ce qui a été dit au nº 5, y joindre cinq relations arbitraires, qui seraient tirées de considérations relatives : à l'élasticité ; à la répartition des pressions transmises aux rails, rendue arbitraire entre certaines limites au moyen du serrage des ressorts de suspension ; et à l'inclinaison de la tangente commune à la courbe de contact des roues et des rails.

En supposant que l'on soit parvenu à déduire la valeur de chaque composante d'un nombre suffisant d'équations , on aura la mesure de la résistance que doivent présenter les rails dans tous les sens. Les composantes H... serviront au calcul de leur flexion dans le sens vertical. Les composantes G..., outre la flexion horizontale qu'elles détermineront, avertiront s'il doit se produire des glissements transversaux ; ce qui aurait lieu si la composante G... dépassait le produit de la composante H... par le coefficient de frottement. Pareillement, il y aurait glissement dans le sens de la voie si la composante F... se trouvait être supérieure à ce même produit. Mais il ne suffit pas , avons-nous dit , que les réactions restent comprises entre leurs limites extrêmes, il faut encore que leurs variations demeurent très petites.

Quoiqu'il ne soit pas possible , sans avoir recours à l'élasticité , etc., d'obtenir les onze composantes des réactions des rails , on peut néanmoins former certaines combinaisons utiles à examiner. Par exemple, en combinant par addition et soustraction l'équation $[z]$ avec l'équation (x) divisée par E, on obtiendra les valeurs séparées des sommes des réactions normales qui s'exercent sur les roues situées d'un même côté du plan méridien , et l'on pourra rechercher quelle est la valeur de l'angle α pour lequel ces sommes sont des *maximum* ou *minimum*. Si l'on élimine $F+F'$ entre l'équation $[x]$ et l'équation (y), et que l'on suppose $l=o$, $l''=-l'$, on aura la différence entre les sommes des réactions normales exercées sur le système des roues d'avant et sur celui des roues d'arrière.

Quelles que soient d'ailleurs les combinaisons que l'on essaie de tirer de nos équations, on doit observer que les facteurs $\sin\alpha$ et $\cos\alpha$ des termes variables principaux passent de la valeur $+1$ à la valeur -1, pour revenir à la première, dans la période d'un tour de la roue motrice, et que l'amplitude des variations est égale au double de la valeur des coefficients de chacun de ces termes. Comme, en outre, un grand nombre d'entre eux est proportionnel au carré de la vitesse, il est aisé de voir que ces variations peuvent, en se combinant avec les actions constantes, donner des résultats qui, dans une partie de la période d'un tour de roue, soient excessifs, et dans l'autre approchent d'être nuls. Il en résulte d'un côté une fatigue extrême des rails, et de l'autre un glissement des roues motrices qui détermine rapidement leur détérioration. Nous ne nous arrêterons pas à donner des exemples numériques qui mettent en évidence des faits qu'aucun ingénieur ne révoque en doute ; chacun, du reste, y suppléera aisément. Nous allons revenir à notre but primitif, qui est la recherche des conditions à remplir pour que les variations dont nous venons de parler s'anéantissent, s'il est possible.

RÉSOLUTION DES ÉQUATIONS DE CONDITION.

21. Les équations de condition du n° 19 sont au nombre de douze. Les dix premières ont pour objet d'anéantir les termes principaux ; les deux autres sont relatives à des termes du 2e ordre et du 4e ordre, et qui sont sans importance (*), mais qui

---

(*) Le degré d'importance des termes d'ordres supérieurs est encore moindre que ne l'indique leur ordre de grandeur. En effet, les termes des séries dont les coefficients sont A_{2i}, et l'ordre $4i$, ont pour facteurs variables les sinus et cosinus des angles $4i\alpha$; les périodes dans lesquelles toutes leurs variations se réalisent répondent à $\frac{1}{4}$, $\frac{1}{8}$, $\frac{1}{12}$ ... de tour de manivelle. Les termes en A_{2i+1}, et qui sont de l'ordre $4i+2$, ont pour coefficients les sinus et cosinus des angles $(4i+2)\alpha$; leurs périodes répondent à $\frac{1}{2}$, $\frac{1}{6}$, $\frac{1}{10}$.... de

dans certains cas pourraient disparaître avec les autres. On doit remarquer que chacune de ces équations, en faisant disparaître les termes affectés du carré $\dfrac{dx^2}{dt^2}$ de la vitesse, annule en même temps les termes affectés de la variation $\dfrac{d^2a}{dt^3}$ de cette vitesse.

Les équations marquées (53), au nombre de huit, étant traitées à part, se réduisent à un moindre nombre.

En retranchant la 4ᵉ de la 1ʳᵉ équation (53), les quantités sous le signe Σ s'éliminent, et il reste

$$U - U' = o, \qquad (60)$$

après que l'on a divisé par $(\cos\theta - \sin\theta)$.

La 2ᵉ et la 3ᵉ, étant ajoutées, reproduisent l'équation que nous venons d'écrire.

Les quatre autres équations (53) fournissent de même deux fois l'équation suivante :

$$V - V' = o; \qquad (61)$$

en sorte que nos huit équations équivalent au plus à six équations distinctes.

Mais d'après les équations (51) on a

$$U - U' = u_a - u'_a, \quad V - V' = v_a - v'_a;$$

et, en se reportant aux expressions (48),

$$U - U' = \left[M' \left(1 - \frac{B'}{B} \right) + M'' \right] r, \quad V - V' = \left[M' \left(1 - \frac{B'}{B} \right) + M'' \right] rA,$$

d'où, en vertu de (49),

$$U - U' = k\,\frac{r}{B}; \quad V - V' = k\,\frac{r}{B}A. \qquad (62)$$

---

tour de manivelle. Enfin les termes en B', et qui sont de l'ordre $2i$, ont pour coefficients les sinus et cosinus des angles $(2i + 1)\left(z + \dfrac{\pi}{4} \right)$; les périodes de ces termes sont de $\dfrac{1}{3}$, $\dfrac{1}{5}$, $\dfrac{1}{7}$.... de tour. Les altérations locales des bandages que pourraient produire ces divers termes ne sont donc point à redouter.

Il s'ensuit que les équations (60) et (61) reviennent à l'équation unique

$$k = 0. \qquad\qquad (63)$$

[Notons, en passant, que cette condition coïncide avec l'équation (55).]

Les huit équations (53) n'équivalent donc réellement qu'à cinq équations distinctes, que l'on peut concevoir formées en prenant quatre de ces équations ne comprenant pas les mêmes combinaisons des quantités affectées du signe Σ, et y joignant l'équation de condition (63).

Nous devons présenter une conséquence importante : c'est que, de quelque manière que l'on essaie de disposer des quantités μ, ρ, e, engagées sous les signes Σ, il ne sera pas possible de satisfaire simultanément aux huit équations (53) si la condition $k = 0$ n'a pas lieu.

Examinons maintenant cette dernière : la valeur de k est (49)

$$k = M'(B - B') + M''B.$$

$B - B'$ est la distance du centre de gravité de la bielle à l'axe du bouton de la manivelle ; par suite $M'(B - B')$ est le moment de la masse de la bielle par rapport à cet axe ; $M''B$ est le moment de la masse du piston supposée concentrée à l'extrémité de la bielle : la valeur de k est donc égale au moment de la bielle supposée chargée à son extrémité du poids du piston, par rapport à l'axe du bouton ; il s'ensuit que la condition $k = 0$ ne peut être remplie sans l'addition d'une certaine masse appliquée sur le prolongement de la bielle. C'est d'ailleurs ce que l'on obtiendrait en tirant de l'équation $k = 0$ la valeur de $B' - B$; il viendrait en effet

$$B' - B = \frac{M''}{M'} B.$$

ce qui signifie que la distance du centre de gravité de la bielle à la tête du piston doit être plus grande que la longueur B de la bielle.

Il ne paraît pas que cette condition puisse être complètement réalisée , même dans les machines à cylindres extérieurs où l'espace permet le prolongement nécessaire , à cause de l'accroissement de rigidité qu'il faudrait donner à cette pièce et aux boutons de manivelle pour résister aux efforts énormes qui se développeraient dans les grandes vitesses. D'ailleurs ces efforts eux-mêmes donneraient naissance à des frottements qui absorberaient un travail mécanique très considérable. Cependant, entre la forme actuelle de la bielle et une modification de cette forme et de sa masse, qui serait accompagnée de fâcheux résultats, on conçoit la possibilité de modifications avantageuses au point de vue de la stabilité, et exemptes à peu près des inconvénients que nous venons de signaler. Nous reviendrons bientôt sur ce sujet.

Des considérations qui précèdent il résulte qu'il n'est pas généralement possible de satisfaire à l'équation (63), et, par suite, à l'ensemble des huit équations (53) ; aussi regarderons-nous, pour le moment, la qualité k comme étant quelconque et donnée en fonction des masses de la bielle et du piston, de la longueur de la bielle et de la distance de son centre de gravité à la tête du piston.

22. Revenons aux équations de condition (53). Il convient d'y mettre en évidence la quantité k. A cet effet, on tire des équations (62)

$$U' = U - k\frac{r}{B}, \quad V' = V - k\frac{r}{B}A.$$

Au moyen de ces valeurs, les termes en U, U′, V, V′, de nos équations de condition, donnent respectivement

$$
\begin{aligned}
U\cos\theta + U'\sin\theta &= + U(\cos\theta + \sin\theta) - k\frac{r}{B}\sin\theta \\[2mm]
U\cos\theta - U'\sin\theta &= + U(\cos\theta - \sin\theta) + k\frac{r}{B}\sin\theta \\[2mm]
U\sin\theta - U'\cos\theta &= - U(\cos\theta - \sin\theta) + k\frac{r}{B}\cos\theta \\[2mm]
U\sin\theta + U'\cos\theta &= + U(\cos\theta + \sin\theta) - k\frac{r}{B}\cos\theta.
\end{aligned}
\qquad (64)
$$

$$V\cos\theta - V'\sin\theta = +V(\cos\theta - \sin\theta) + k\frac{r}{B}A\sin\theta$$

$$V\cos\theta + V'\sin\theta = +V(\cos\theta + \sin\theta) - k\frac{r}{B}A\sin\theta$$

$$V\sin\theta + V'\cos\theta = +V(\cos\theta + \sin\theta) - k\frac{r}{B}A\cos\theta$$

$$V\sin\theta - V'\cos\theta = -V(\cos\theta - \sin\theta) + k\frac{r}{B}A\cos\theta$$

$$(65)$$

Ces valeurs doivent actuellement être substituées dans les équations (53); mais nous profiterons de ce que ces équations renferment deux à deux les mêmes combinaisons des sommes Σ, pour écrire les huit équations sous la forme de quatre seulement. Les premiers membres seront communs à deux équations dont les seconds membres auront deux valeurs distinctives. En divisant, en outre, les quatre dernières équations par λ, nous aurons les équations multiples que voici :

$$
\begin{array}{l|cl||cl}
 & \multicolumn{2}{c||}{(A)} & \multicolumn{2}{c}{(B)} \\
U(\cos\theta + \sin\theta) + \Sigma_{\mu\rho}\cos\varepsilon - \Sigma_{\mu\rho_{\prime}}\sin\varepsilon_{\prime} = & +k\dfrac{r}{B}\sin\theta & [x],\,(y) & =+k\dfrac{r}{B}\cos\theta & [z],\,(y) \\
U(\cos\theta - \sin\theta) + \Sigma_{\mu\rho}\sin\varepsilon + \Sigma_{\mu\rho_{\prime}}\cos\varepsilon_{\prime} = & -k\dfrac{r}{B}\sin\theta & [x],\,(y) & =+k\dfrac{r}{B}\cos\theta & [z],\,(y) \\
\dfrac{V}{\lambda}(\cos\theta - \sin\theta) + \Sigma_{\mu\rho}\cos\varepsilon + \Sigma_{\mu\rho_{\prime}}\sin\varepsilon_{\prime} = & -k\dfrac{r}{B}\sin\theta\,\dfrac{A}{\lambda} & (x) & =+k\dfrac{r}{B}\cos\theta\,\dfrac{A}{\lambda} & (x) \\
\dfrac{V}{\lambda}(\cos\theta + \sin\theta) - \Sigma_{\mu\rho}\sin\varepsilon + \Sigma_{\mu\rho_{\prime}}\cos\varepsilon_{\prime} = & +k\dfrac{r}{B}\sin\theta\,\dfrac{A}{\lambda} & (x) & =+k\dfrac{r}{B}\cos\theta\,\dfrac{A}{\lambda} & (x)
\end{array}
$$

$$(65\ bis)$$

La signification de ces équations est facile à saisir; en égalant les premiers membres aux termes de la colonne (A), on satisfera aux conditions de l'invariabilité des composantes parallèles à l'axe de x et des moments autour de l'axe des z, puisqu'il n'existe pas d'autres équations marquées $[x]$, (z) relatives à des termes principaux. Ce qui revient à dire, en employant le langage des ingénieurs, que, ces équations étant satisfaites, il ne devra se produire aucune tendance aux mouvements de *tangage* et de *lacet*. En égalant les premiers membres aux termes compris dans la colonne (B), on satisfera pareillement aux conditions de l'invariabilité des composantes parallèles à l'axe des z et des moments autour de l'axe des x ; ce qui revient à dire que les tendances aux *oscillations normales* à la voie et au mouvement de *roulis* n'existeront pas si les nouvelles équations sont satisfaites.

La notation (y) commune aux deux premières équations rappelle qu'on fera disparaître, dans l'un et l'autre cas, des inégalités qui affectent les mouvements autour de l'axe des y, et qui répondent à la tendance au mouvement de *galop*. Ces inégalités sont peu considérables, puisqu'elles ne dépendent pas du carré de la vitesse, mais seulement du poids des pièces mobiles et de la variation de vitesse. D'ailleurs, il existe d'autres conditions plus importantes relativement au mouvement de *galop*, ce sont les équations (54).

Nous pouvons donc, en faisant abstraction de la notation (y), énoncer la proposition suivante :

Si l'on satisfait au système des équations (A), *on fera disparaître les tendances au mouvement de* tangage *et de* lacet *; si l'on satisfait au système des équations* (B), *on fera disparaître les tendances aux* oscillations normales *au plan de la voie et au mouvement de roulis ; mais il est impossible de faire disparaître à la fois ces diverses tendances si la condition $k = o$ n'est pas remplie.*

La dernière partie de cette proposition est rendue de nouveau évidente par l'égalité nécessaire des termes des colonnes (A) et (B) situés sur la même ligne horizontale ; les quatre équations qui en résultent ne peuvent avoir lieu que sous la condition $k = o$.

L'énoncé qui précède nous dispensera, dans ce qui va suivre, de conserver les notations $[x]$, $[z]$, etc ; nous conserverons simplement la notation (A) et (B), qui les résume.

En combinant par voie d'addition et de soustraction les équations (65 *bis*), on obtient aisément :

$$
\overbrace{\qquad\qquad\qquad}^{(A)}\quad\overbrace{\qquad\qquad}^{(B)}
$$

$$
\left.
\begin{aligned}
-\left(U+\frac{V}{\lambda}\right)\cos\vartheta+\left(U-\frac{V}{\lambda}\right)\sin\vartheta+2\Sigma\mu\rho\cos\varepsilon&=+k\frac{r}{B}\sin\vartheta\left(1-\frac{\Lambda}{\lambda}\right)&&=+k\frac{r}{B}\cos\vartheta\left(1+\frac{\Lambda}{\lambda}\right)\\
-\left(U-\frac{V}{\lambda}\right)\cos\vartheta-\left(U+\frac{V}{\lambda}\right)\sin\vartheta+2\Sigma\mu\rho\sin\varepsilon&=-k\frac{r}{B}\sin\vartheta\left(1+\frac{\Lambda}{\lambda}\right)&&=+k\frac{r}{B}\cos\vartheta\left(1-\frac{\Lambda}{\lambda}\right)\\
-\left(U+\frac{V}{\lambda}\right)\cos\vartheta-\left(U-\frac{V}{\lambda}\right)\sin\vartheta+2\Sigma\mu\rho_{\text{,}}\cos\varepsilon_{\text{,}}&=-k\frac{r}{B}\sin\vartheta\left(1-\frac{\Lambda}{\lambda}\right)&&=+k\frac{r}{B}\cos\vartheta\left(1+\frac{\Lambda}{\lambda}\right)\\
-\left(U-\frac{V}{\lambda}\right)\cos\vartheta-\left(U+\frac{V}{\lambda}\right)\sin\vartheta+2\Sigma\mu\rho_{\text{,}}\sin\varepsilon_{\text{,}}&=-k\frac{r}{B}\sin\vartheta\left(1+\frac{\Lambda}{\lambda}\right)&&=-k\frac{r}{B}\cos\vartheta\left(1-\frac{\Lambda}{\lambda}\right)
\end{aligned}
\right\}\quad(66)
$$

Ces relations nous permettent déjà de constater que l'on ne pourrait faire à la fois pour chaque couple de roues $\rho_{\text{,}}=\rho$ et $\varepsilon_{\text{,}}=-\varepsilon$ que si l'on avait en même temps $\vartheta=0$ et $k=0$.

La substitution de la valeur $\varepsilon-\vartheta$ à la place de ε (47) va nous offrir le moyen de remplacer les deux systèmes (A) et (B) par un système unique (C) qui restera indéterminé. A cet effet, il faudra développer les sinus et cosinus de $\varepsilon-\vartheta$ et de $\varepsilon_{\text{,}}-\vartheta$, en observant que $\sin\vartheta$ et $\cos\vartheta$ seront des facteurs communs des sommes Σ. D'autre part, nous allons changer dans les seconds membres les facteurs $\left(1-\frac{\Lambda}{\lambda}\right)$ et $\left(1+\frac{\Lambda}{\lambda}\right)$.

Soient Υ et Θ des quantités auxiliaires telles que l'on ait

$$
\left.
\begin{aligned}
\Upsilon\sin\Theta&=\lambda-\Lambda,\\
\Upsilon\cos\Theta&=\lambda+\Lambda;
\end{aligned}
\right\}\quad(67)
$$

on aura, pour déterminer l'angle Θ, l'expression

$$
\tan g\,\Theta=\frac{\lambda-\Lambda}{\lambda+\Lambda};\qquad(68)
$$

puis

$$
\Upsilon(\cos\Theta+\sin\Theta)=2\lambda,
$$

d'où

$$
\frac{\Upsilon}{\lambda}=\frac{2}{\cos\Theta+\sin\Theta}=\frac{\sqrt{2}}{\sin\left(\Theta+\frac{\pi}{4}\right)}.
$$

En divisant les expressions (67) par λ, et substituant la valeur précédente de $\frac{\gamma}{\lambda}$, il vient

$$1-\frac{\Lambda}{\lambda}=\sqrt{2}\,\frac{\sin\Theta}{\sin\left(\Theta+\frac{\pi}{4}\right)},$$

$$1+\frac{\Lambda}{\lambda}=\sqrt{2}\,\frac{\cos\Theta}{\sin\left(\Theta+\frac{\pi}{4}\right)}.$$

On doit remarquer que l'ambiguïté de l'angle Θ n'en produit pas dans les valeurs précédentes, puisque le changement de Θ en $\Theta\pm\pi$ produit un changement simultané des signes des numérateurs et des dénominateurs.

Posons enfin

$$k'=k\,\frac{r}{\sqrt{2}B}\,\frac{1}{\sin\left(\Theta+\frac{\pi}{4}\right)},\qquad(69)$$

ou, en vertu de l'équation (35),

$$k'=k\,\frac{\sin\varphi}{\sin\left(\Theta+\frac{\pi}{4}\right)},\qquad(70)$$

nous aurons

$$\left.\begin{aligned}
k\frac{r}{B}\left(1-\frac{\Lambda}{\lambda}\right)&=2\,k'\sin\Theta,\\
k\frac{r}{B}\left(1+\frac{\Lambda}{\lambda}\right)&=2\,k'\cos\Theta.
\end{aligned}\right\}\qquad(71)$$

En effectuant ces divers changements dans les équations (66), il viendra

$$
\begin{array}{l}
\overbrace{}^{(A)}\quad\overbrace{}^{(B)}\\[2pt]
+\left(U+\frac{V}{\lambda}\right)\cos\theta+\left(U-\frac{V}{\lambda}\right)\sin\theta+2\cos\theta\,\Sigma\mu\rho\cos\epsilon+2\sin\theta\,\Sigma\mu\rho\sin\epsilon=+2k'\sin\theta\sin\Theta\;\Big|\;=+2k'\cos\theta\,c\\[4pt]
-\left(U+\frac{V}{\lambda}\right)\sin\theta+\left(U-\frac{V}{\lambda}\right)\cos\theta-2\sin\theta\,\Sigma\mu\rho\cos\epsilon+2\cos\theta\,\Sigma\mu\rho\sin\epsilon=-2k'\sin\theta\cos\Theta\;\Big|\;=+2k'\cos\theta\,s\\[4pt]
+\left(U+\frac{V}{\lambda}\right)\cos\theta-\left(U-\frac{V}{\lambda}\right)\sin\theta+2\cos\theta\,\Sigma\mu\rho_{1}\cos\epsilon_{1}+2\sin\theta\,\Sigma\mu\rho_{1}\sin\epsilon_{1}=-2k'\sin\theta\sin\Theta\;\Big|\;=+2k'\cos\theta\,c\\[4pt]
-\left(U+\frac{V}{\lambda}\right)\sin\theta-\left(U-\frac{V}{\lambda}\right)\cos\theta-2\sin\theta\,\Sigma\mu\rho_{1}\cos\epsilon_{1}+2\cos\theta\,\Sigma\mu\rho_{1}\sin\epsilon_{1}=-2k'\sin\theta\cos\Theta\;\Big|\;=-2k'\cos\theta\,s
\end{array}
$$

Multipliant maintenant la première de ces équations par $\sin\theta$, la deuxième par $\cos\theta$, et ajoutant ; puis, la première par $\cos\theta$, et la deuxième par $\sin\theta$, et retranchant ; et opérant de même sur les deux autres, on aura

$$
\begin{array}{c|c}
\overbrace{}^{(A)} & \overbrace{}^{(B)}
\end{array}
$$

$$
\left.
\begin{aligned}
+\left(U-\frac{V}{\lambda}\right)+2\Sigma_{\mu\rho}\sin\varepsilon &= -2k'\sin\theta\cos(\theta+\Theta) \quad\Big|\quad = +2k'\cos\theta\sin(\theta+\Theta)\\
+\left(U+\frac{V}{\lambda}\right)+2\Sigma_{\mu\rho}\cos\varepsilon &= +2k'\sin\theta\sin(\theta+\Theta) \quad\Big|\quad = +2k'\cos\theta\cos(\theta+\Theta)\\
-\left(U-\frac{V}{\lambda}\right)+2\Sigma_{\mu\rho_1}\sin\varepsilon_1 &= -2k'\sin\theta\cos(\theta-\Theta) \quad\Big|\quad = +2k'\cos\theta\sin(\theta-\Theta)\\
+\left(U+\frac{V}{\lambda}\right)+2\Sigma_{\mu\rho_1}\cos\varepsilon_1 &= +2k'\sin\theta\sin(\theta-\Theta) \quad\Big|\quad = +2k'\cos\theta\cos(\theta-\Theta)
\end{aligned}
\right\}\ (73)
$$

Il est visible que, si l'on change, dans le système (A), θ en $\theta\pm\frac{\pi}{2}$, on obtiendra le système (B). Ces deux systèmes pourront donc être représentés par un système unique (C) ayant la forme (A), pourvu que l'on y change θ en $\theta+\theta'$; θ' désignant un angle indéterminé tel que, le faisant égal à zéro ou $\pm\pi$, le système (C) reproduit le système (A), et, en faisant $\theta'=\pm\frac{\pi}{2}$, il se change en le système (B). En effectuant ce changement dans le système (A) et tirant les valeurs des quantités Σ, on obtient le système unique et indéterminé

$$(C)$$

$$
\left.
\begin{aligned}
\Sigma_{\mu\rho}\sin\varepsilon &= -\frac{1}{2}\left(U-\frac{V}{\lambda}\right)-k'\sin(\theta+\theta')\cos(\theta+\theta'+\Theta)\\
\Sigma_{\mu\rho}\cos\varepsilon &= -\frac{1}{2}\left(U+\frac{V}{\lambda}\right)+k'\sin(\theta+\theta')\sin(\theta+\theta'+\Theta)\\
\Sigma_{\mu\rho_1}\sin\varepsilon_1 &= +\frac{1}{2}\left(U-\frac{V}{\lambda}\right)-k'\sin(\theta+\theta')\cos(\theta+\theta'-\Theta)\\
\Sigma_{\mu\rho_1}\cos\varepsilon_1 &= -\frac{1}{2}\left(U+\frac{V}{\lambda}\right)+k'\sin(\theta+\theta')\sin(\theta+\theta'-\Theta)
\end{aligned}
\right\}\ (74)
$$

dans lequel, pour plus de généralité, nous devons regarder θ' comme affecté du double signe $\pm$; nous supprimons ce double signe afin de ne pas compliquer les notations. On remarquera que le changement de θ' en $\pi + \theta'$ n'en apporte aucun dans ce système. Nous préciserons plus loin la signification mécanique de l'angle θ', en étudiant le mouvement du centre de gravité de la locomotive armée de ses contrepoids.

De ces équations on déduit aisément les deux relations suivantes, qui peuvent être employées utilement à la vérification des calculs numériques :

$$\left. \begin{array}{l} \Sigma_{\rho\rho} \sin \varepsilon + \Sigma_{\rho\rho_1} \sin \varepsilon_1 = - k' \sin 2(\theta + \theta') \cos\Theta \\ \Sigma_{\rho\rho} \cos \varepsilon - \Sigma_{\rho\rho_1} \cos \varepsilon_1 = - k' \sin 2(\theta + \theta') \sin\Theta \end{array} \right\} \quad (75)$$

Ces relations montrent que, dans le cas où k' ou k n'est pas nul, on ne peut pas faire à la fois pour chaque paire de roue $\varepsilon_1 = \rho$ et $\varepsilon_1 = -\varepsilon$, si l'on n'a pas $\sin 2(\theta + \theta') = 0$, ou bien si la somme des angles θ et θ' n'est pas égale à zéro ou à un multiple de l'angle droit.

En observant que le système (A) est caractérisé par $\theta' = 0$ ou $\pm \pi$ dans les équations (C), et le système (B) par $\theta' = \pm \frac{\pi}{2}$, nous pouvons transformer la proposition énoncée plus haut dans la suivante :

Si l'on satisfait aux équations (C) *en y faisant* $\theta' = 0$ *ou* $\pm \pi$, *on fera disparaître les tendances aux mouvements de* tangage *et de* lacet ; *si l'on satisfait à ces mêmes équations en y faisant* $\theta' = \pm \frac{\pi}{2}$, *on anéantira les tendances aux* oscillations normales *au plan de la voie et au mouvement de* roulis ; *mais il sera impossible d'anéantir à la fois ces diverses tendances tant que la condition* $k = 0$ *ne sera pas remplie.*

L'association des angles θ et θ' sous la forme $\theta + \theta'$ dans les formules (C) est digne de remarque. Elle montre que la disparition des deux derniers mouvements s'obtient par les conditions qui feraient disparaître les deux premiers dans une locomotive où l'axe du piston serait à angle droit avec la direction donnée de cet axe.

Les équations (C), quand on y fait à la fois $\theta = 0$ et $\theta' = 0$, sont équivalentes aux règles données par M. Lechatelier dans le cas des machines à cylindres horizontaux. Il est clair, dès lors, que le procédé de M. Lechatelier ne peut pas détruire les tendances aux *oscillations normales* et au mouvement de *roulis*. Ces règles sont d'ailleurs les seules que l'on trouve dans l'ouvrage de cet ingénieur; et, comme les équations de condition relatives au mouvement de *galop*, qu'il a entièrement négligées, établissent de nouvelles relations entre les quantités sous les sommes Σ, il est à craindre que l'emploi des seules règles de M. Lechatelier n'ait souvent pour résultat de développer des tendances au mouvement de *galop*, qui n'auraient pas existé avant l'application de ses contrepoids.

En désignant par μ la masse d'une roue motrice, et ρ la distance de son centre de gravité à l'axe de l'essieu, notre intention était de montrer que la théorie de la stabilité aurait conduit à l'emploi des contrepoids, si ce procédé n'avait pas été déjà indiqué. En effet, les équations (C) et celles que nous obtiendrons plus bas relativement au mouvement de *galop* montrent que la quantité ρ ne saurait généralement être nulle, et que, par suite, le centre de gravité des roues motrices doit généralement être distant de l'axe, résultat qui indique évidemment la nécessité d'employer des contrepoids. La théorie nous aurait donc conduit à ce résultat, comme elle nous a fait connaître la nécessité de prolonger la bielle.

Le produit $\mu\rho$ se compose de deux termes, l'un relatif à la roue supposée centrée, et l'autre au contrepoids dont elle est armée. Le premier de ces termes est évidemment nul : en sorte que nous pouvons, dans nos équations de condition, supposer que μ désigne la masse d'un contrepoids, et ρ la distance de son centre de gravité à l'axe de l'essieu. C'est ce que nous ferons dorénavant.

Avant d'employer les équations (C) à la détermination des contrepoids et de nous occuper des équations (54), il est convenable de rechercher ce que deviennent les auxiliaires $C\cos\tau$, $C\sin\tau$, etc. (53), lorsque les contrepoids sont calculés de manière à satisfaire aux équations (C) : l'analogie des calculs à effectuer avec ceux que nous venons de présenter nous en fait une obligation.

CALCUL DES VALEURS QUE PRENNENT LES COEFFICIENTS $C\cos\vartheta$, $C\sin\vartheta$, ETC., LORSQUE LES CONTREPOIDS SATISFONT AUX ÉQUATIONS (74).

25. Les valeurs (53) contiennent sous les sommes Σ les angles e et e_1. Nous avons à déduire les valeurs de ces sommes des expressions (74) qui contiennent ι ou ι_1 sous les signes Σ. A cet effet, l'on aura

$$\Sigma_{\mu\rho}\sin e = \cos\theta\,\Sigma_{\mu\rho}\sin\iota - \sin\theta\,\Sigma_{\mu\rho}\cos\iota,$$
$$\Sigma_{\mu\rho}\cos e = \sin\theta\,\Sigma_{\mu\rho}\sin\iota + \cos\theta\,\Sigma_{\mu\rho}\cos\iota;$$

on aurait deux autres formules toutes pareilles en affectant de l'indice, les lettres e et ι. En y substituant pour les sommes en e et ι, leurs valeurs (74), et réduisant, il viendra

$$\Sigma_{\mu\rho}\sin e = -\frac{1}{2}U(\cos\theta-\sin\theta)+\frac{1}{2}\frac{V}{\lambda}(\cos\theta+\sin\theta)-k'\sin(\theta+\theta')\cos(\theta'+\omega),$$

$$\Sigma_{\mu\rho}\cos e = -\frac{1}{2}U(\cos\theta+\sin\theta)-\frac{1}{2}\frac{V}{\lambda}(\cos\theta-\sin\theta)+k'\sin(\theta+\theta')\sin(\theta'+\omega),$$

$$\Sigma_{\mu\rho_1}\sin e_1 = +\frac{1}{2}U(\cos\theta+\sin\theta)-\frac{1}{2}\frac{V}{\lambda}(\cos\theta-\sin\theta)-k'\sin(\theta+\theta')\cos(\theta'-\omega),$$

$$\Sigma_{\mu\rho_1}\cos e_1 = -\frac{1}{2}U(\cos\theta-\sin\theta)-\frac{1}{2}\frac{V}{\lambda}(\cos\theta+\sin\theta)+k'\sin(\theta+\theta')\sin(\theta'-\omega).$$

Ces quantités étant actuellement transportées dans les équations (53), et les valeurs (64) et (65) mises à la place des deux premiers termes des seconds membres, les quatre premiers coefficients deviendront, toutes réductions faites,

$$
\left.
\begin{aligned}
C\cos\vartheta &= -k\frac{r}{B}\sin\theta+k'\sin(\theta+\theta')[\sin(\theta'+\omega)+\cos(\theta'-\omega)]\\[4pt]
C\sin\vartheta &= +k\frac{r}{B}\sin\theta-k'\sin(\theta+\theta')[\cos(\theta'+\omega)-\sin(\theta'-\omega)]\\[4pt]
C'\cos\vartheta' &= +k\frac{r}{B}\cos\theta+k'\sin(\theta+\theta')[\cos(\theta'+\omega)-\sin(\theta'-\omega)]\\[4pt]
C'\sin\vartheta' &= -k\frac{r}{B}\cos\theta+k'\sin(\theta+\theta')[\sin(\theta'+\omega)+\cos(\theta'-\omega)]
\end{aligned}
\right\}
\quad (76)
$$

Les quatre autres coefficients, étant pour plus de simplicité divisés par λ, deviendront de même

$$\left.\begin{aligned}
\frac{1}{\lambda} D \sin \psi &= + k \frac{r}{B} \frac{\Lambda}{\lambda} \sin \theta + k' \sin(\theta + \theta')[\sin(\theta'+\Theta) - \cos(\theta'-\Theta)] \\
\frac{1}{\lambda} D \cos \psi &= - k \frac{r}{B} \frac{\Lambda}{\lambda} \sin \theta + k' \sin(\theta + \theta')[\cos(\theta'+\Theta) + \sin(\theta'-\Theta)] \\
\frac{1}{\lambda} D' \sin \psi' &= - k \frac{r}{B} \frac{\Lambda}{\lambda} \cos \theta + k' \sin(\theta + \theta')[\cos(\theta'+\Theta) + \sin(\theta'-\Theta)] \\
\frac{1}{\lambda} D' \cos \psi' &= + k \frac{r}{B} \frac{\Lambda}{\lambda} \cos \theta - k' \sin(\theta + \theta')[\sin(\theta'+\Theta) - \cos(\theta'-\Theta)]
\end{aligned}\right\} \quad (77)$$

Les coefficients de $k' \sin(\theta + \theta')$ dans ces expressions, étant développés, donnent

$$\left.\begin{aligned}
\sin(\theta'+\Theta) + \cos(\theta'-\Theta) &= + (\cos \Theta + \sin \Theta)(\cos \theta' + \sin \theta') \\
\cos(\theta'+\Theta) - \sin(\theta'-\Theta) &= + (\cos \Theta + \sin \Theta)(\cos \theta' - \sin \theta') \\
\sin(\theta'+\Theta) - \cos(\theta'-\Theta) &= - (\cos \Theta - \sin \Theta)(\cos \theta' - \sin \theta') \\
\cos(\theta'+\Theta) + \sin(\theta'-\Theta) &= + (\cos \Theta - \sin \Theta)(\cos \theta' + \sin \theta')
\end{aligned}\right\} \quad (78)$$

D'un autre côté, en ajoutant et retranchant les équations (71), puis divisant par 2, il vient

$$\left.\begin{aligned}
k'(\cos \Theta + \sin \Theta) &= k \frac{r}{B}, \\
k'(\cos \Theta - \sin \Theta) &= k \frac{r}{B} \frac{\Lambda}{\lambda}.
\end{aligned}\right\} \quad (79)$$

Si nous substituons les deux premières valeurs (78) dans les équations (76), et que nous ayons égard à la première équation (79), nous aurons

$$\left.\begin{aligned}
C \cos \psi &= + k \frac{r}{B}[- \sin \theta + \sin(\theta + \theta')(\cos \theta' + \sin \theta')] \\
C \sin \psi &= - k \frac{r}{B}[- \sin \theta + \sin(\theta + \theta')(\cos \theta' - \sin \theta')] \\
C' \cos \psi' &= + k \frac{r}{B}[+ \cos \theta + \sin(\theta + \theta')(\cos \theta' - \sin \theta')] \\
C' \sin \psi' &= - k \frac{r}{B}[+ \cos \theta - \sin(\theta + \theta')(\cos \theta' + \sin \theta')]
\end{aligned}\right\} \quad (80)$$

A l'aide des dernières valeurs (78), et de la deuxième équation (79), les équations (77) donneront, en supprimant le facteur commun $\frac{1}{\lambda}$,

$$
\begin{aligned}
D\sin\psi &= -k\frac{r}{B}\Lambda[-\sin\theta + \sin(\theta+\theta')(\cos\theta' - \sin\theta')] \\
D\cos\psi &= +k\frac{r}{B}\Lambda[-\sin\theta + \sin(\theta+\theta')(\cos\theta' + \sin\theta')] \\
D'\sin\psi' &= -k\frac{r}{B}\Lambda[+\cos\theta - \sin(\theta+\theta')(\cos\theta' + \sin\theta')] \\
D'\cos\psi' &= +k\frac{r}{B}V[+\cos\theta + \sin(\theta+\theta')(\cos\theta' - \sin\theta')]
\end{aligned}
\right\} \quad (81)
$$

Il reste à opérer ici des réductions. On a d'abord

$$\sin(\theta+\theta') = \sin\theta\cos\theta' + \cos\theta\sin\theta',$$

d'où

$$
\begin{aligned}
\sin(\theta+\theta')\cos\theta' &= \sin\theta\cos^2\theta' + \cos\theta\sin\theta'\cos\theta', \\
\sin(\theta+\theta')\sin\theta' &= \cos\theta\sin^2\theta' + \sin\theta\sin\theta'\cos\theta';
\end{aligned}
$$

puis

$$
\sin(\theta+\theta')(\cos\theta' + \sin\theta') = \sin\theta\cos^2\theta' + \cos\theta\sin^2\theta' + (\cos\theta + \sin\theta)\sin\theta'\cos\theta',
$$
$$
\sin(\theta+\theta')(\cos\theta' - \sin\theta') = \sin\theta\cos^2\theta' - \cos\theta\sin^2\theta' + (\cos\theta - \sin\theta)\sin\theta'\cos\theta'.
$$

Soient, pour abréger,

$$
\begin{aligned}
(a) &= -\sin\theta + \sin(\theta+\theta')(\cos\theta' + \sin\theta') \\
(b) &= -\sin\theta + \sin(\theta+\theta')(\cos\theta' - \sin\theta') \\
(c) &= +\cos\theta + \sin(\theta+\theta')(\cos\theta' - \sin\theta') \\
(d) &= +\cos\theta - \sin(\theta+\theta')(\cos\theta' + \sin\theta')
\end{aligned}
$$

nous aurons, en faisant usage des deux précédentes relations,

$$
\begin{aligned}
(a) &= -\sin\theta\sin^2\theta' + \cos\theta\sin^2\theta' + (\cos\theta + \sin\theta)\sin\theta'\cos\theta' \\
(b) &= -\sin\theta\sin^2\theta' - \cos\theta\sin^2\theta' + (\cos\theta - \sin\theta)\sin\theta'\cos\theta' \\
(c) &= +\sin\theta\cos^2\theta' + \cos\theta\cos^2\theta' + (\cos\theta - \sin\theta)\sin\theta'\cos\theta' \\
(d) &= -\sin\theta\cos^2\theta' + \cos\theta\cos^2\theta' - (\cos\theta + \sin\theta)\sin\theta'\cos\theta'
\end{aligned}
$$

puis, en mettant les facteurs communs en évidence,

$$(a) = \sin\theta'[\cos\theta'(\cos\theta + \sin\theta) + \sin\theta'(\cos\theta - \sin\theta)]$$
$$(b) = \sin\theta'[\cos\theta'(\cos\theta - \sin\theta) - \sin\theta'(\cos\theta + \sin\theta)]$$
$$(c) = \cos\theta'[\cos\theta'(\cos\theta + \sin\theta) + \sin\theta'(\cos\theta - \sin\theta)]$$
$$(d) = \cos\theta'[\cos\theta'(\cos\theta - \sin\theta) - \sin\theta'(\cos\theta + \sin\theta)]$$

mais on a
$$\cos\theta + \sin\theta = \sqrt{2}\sin\left(\theta + \frac{\pi}{4}\right),$$
$$\cos\theta - \sin\theta = \sqrt{2}\cos\left(\theta + \frac{\pi}{4}\right);$$

substituant, il vient

$$(a) = \sqrt{2}\sin\theta'\left[\cos\theta'\sin\left(\theta + \frac{\pi}{4}\right) + \sin\theta'\cos\left(\theta + \frac{\pi}{4}\right)\right]$$
$$(b) = \sqrt{2}\sin\theta'\left[\cos\theta'\cos\left(\theta + \frac{\pi}{4}\right) - \sin\theta'\sin\left(\theta + \frac{\pi}{4}\right)\right]$$
$$(c) = \sqrt{2}\cos\theta'\left[\cos\theta'\sin\left(\theta + \frac{\pi}{4}\right) + \sin\theta'\cos\left(\theta + \frac{\pi}{4}\right)\right]$$
$$(d) = \sqrt{2}\cos\theta'\left[\cos\theta'\cos\left(\theta + \frac{\pi}{4}\right) - \sin\theta'\sin\left(\theta + \frac{\pi}{4}\right)\right]$$

ou

$$(a) = \sqrt{2}\sin\theta'\sin\left(\theta + \theta' + \frac{\pi}{4}\right)$$
$$(b) = \sqrt{2}\sin\theta'\cos\left(\theta + \theta' + \frac{\pi}{4}\right)$$
$$(c) = \sqrt{2}\cos\theta'\sin\left(\theta + \theta' + \frac{\pi}{4}\right)$$
$$(d) = \sqrt{2}\cos\theta'\cos\left(\theta + \theta' + \frac{\pi}{4}\right)$$

Au moyen de ces valeurs, les équations (80) et (81) deviennent finalement

$$\left.\begin{aligned}
C\cos\phi &= + k\frac{r}{B}\sqrt{2}\sin\theta'\sin\left(\theta + \theta' + \frac{\pi}{4}\right)\\
C\sin\phi &= - k\frac{r}{B}\sqrt{2}\sin\theta'\cos\left(\theta + \theta' + \frac{\pi}{4}\right)\\
C'\cos\phi' &= + k\frac{r}{B}\sqrt{2}\cos\theta'\sin\left(\theta + \theta' + \frac{\pi}{4}\right)\\
C'\sin\phi' &= - k\frac{r}{B}\sqrt{2}\cos\theta'\cos\left(\theta + \theta' + \frac{\pi}{4}\right)
\end{aligned}\right\} \quad (82)$$

$$\begin{aligned}
\mathrm{D}\sin\gamma &= -k\frac{r}{\mathrm{B}}\sqrt{2}\,\mathrm{A}\sin\theta'\cos\left(\theta+\theta'+\frac{\pi}{4}\right) \\[4pt]
\mathrm{D}\cos\gamma &= +k\frac{r}{\mathrm{B}}\sqrt{2}\,\mathrm{A}\sin\theta'\sin\left(\theta+\theta'+\frac{\pi}{4}\right) \\[4pt]
\mathrm{D}'\sin\gamma' &= -k\frac{r}{\mathrm{B}}\sqrt{2}\,\mathrm{A}\cos\theta'\cos\left(\theta+\theta'+\frac{\pi}{4}\right) \\[4pt]
\mathrm{D}'\cos\gamma' &= +k\frac{r}{\mathrm{B}}\sqrt{2}\,\mathrm{A}\cos\theta'\sin\left(\theta+\theta'+\frac{\pi}{4}\right)
\end{aligned} \qquad (83)$$

(En vertu de l'équation (35), on pourrait remplacer le facteur $k\dfrac{r}{\mathrm{B}}\sqrt{2}$, par $2k\sin\varphi$.)

Les équations précédentes donnent facilement

$$\varphi=\varphi'=\gamma=\gamma'=\theta+\theta'-\frac{\pi}{4}, \qquad (84)$$

$$\begin{aligned}
\mathrm{C} &= +k\frac{r}{\mathrm{B}}\sqrt{2}\,\sin\theta' \\[4pt]
\mathrm{C}' &= +k\frac{r}{\mathrm{B}}\sqrt{2}\,\cos\theta' \\[4pt]
\mathrm{D} &= +k\frac{r}{\mathrm{B}}\sqrt{2}\,\sin\theta'\,\mathrm{A} \\[4pt]
\mathrm{D}' &= +k\frac{r}{\mathrm{B}}\sqrt{2}\,\cos\theta'\,\mathrm{A}
\end{aligned} \qquad (85)$$

Les seconds membres des équations (82) et (83) s'annulent avec k, comme nous savions déjà que cela devait être. En outre, k étant supposé ne pas être nul, les quantités C et D, qui sont les coefficients des principales inégalités dans les équations [x] et (z) du n° 20, s'anéantissent lorsque $\theta'=0$ ou $\pm\pi$, tandis que C' et D', qui se rapportent aux équations [z] et (x), ne disparaissent que pour $\theta'=\pm\dfrac{\pi}{2}$. Ces déductions offrent une confirmation de nos calculs.

Puisque les coefficients C, D, C', D', représentent les demi-amplitudes des variations des réactions et de leurs moments, qui correspondent, d'une part aux mouvements de *tangage* et de *lacet*, de l'autre aux *oscillations normales* et au mouvement de *roulis*, il est facile d'apprécier l'efficacité d'un système donné de contrepoids établi d'après les formules (74), au point de vue de la tendance à ces divers mouvements.

On y parviendra en calculant le rapport des coefficients (85) aux valeurs des coefficients C, C', D, D', avant que la machine soit munie de ses contrepoids; on aura, si l'on peut s'exprimer ainsi, le rapport des perturbations restantes, après l'application des contrepoids, à celles qu'il s'agissait de détruire.

Désignons par C_0, C'_0, D_0, D'_0, les valeurs absolues de C, C', D, D', avant l'application des contrepoids. On obtiendra C_0, etc., en égalant à zéro les quantités ρ, ρ_1, dans les équations (53), et faisant la somme des carrés de ces équations prises deux à deux; il viendra de cette manière

$$C_0^2 = 2(U^2\cos^2\theta + U'^2\sin^2\theta)$$
$$D_0^2 = 2(V^2\cos^2\theta + V'^2\sin^2\theta)$$
$$C'_0{}^2 = 2(U^2\sin^2\theta + U'^2\cos^2\theta)$$
$$D'_0{}^2 = 2(V^2\sin^2\theta + V'^2\cos^2\theta),$$

et les rapports cherchés seront, en ne considérant que leur valeur absolue,

$$\left.\begin{aligned}
\frac{C}{C_0} &= \frac{k}{B}\,\frac{r^2}{\sqrt{U^2\cos^2\theta + U'^2\sin^2\theta}}\,\sin\theta' \\[4pt]
\frac{D}{D_0} &= \frac{k}{B}\,\frac{Ar}{\sqrt{V^2\cos^2\theta + V'^2\sin^2\theta}}\,\sin\theta' \\[4pt]
\frac{C'}{C'_0} &= \frac{k}{B}\,\frac{r}{\sqrt{U^2\sin^2\theta + U'^2\cos^2\theta}}\,\cos\theta' \\[4pt]
\frac{D'}{D'_0} &= \frac{k}{B}\,\frac{Ar}{\sqrt{V^2\sin^2\theta + V'^2\cos^2\theta}}\,\cos\theta'
\end{aligned}\right\} \quad (86)$$

24. Pour montrer une application simple de ces formules, nous supposerons qu'il s'agisse d'une machine à cylindres horizontaux, ce qui réduira les radicaux à U, V, U', V', (51). En remontant aux formules (48) et (49), on aura dans ce cas

$$\frac{k}{B} = M'\left(1 - \frac{B'}{B}\right) + M''$$

$$\frac{C}{C_\bullet} = \frac{k}{B} \frac{\sin\theta'}{M' + M'' + \Sigma \pm M''' \dfrac{C'''}{r}}$$

$$\frac{D}{D_\bullet} = \frac{k}{B} \frac{\sin\theta'}{M' + M'' + \Sigma \pm M''' \dfrac{C'''}{r}\dfrac{A'''}{A}}$$

$$\frac{C'}{C'_\bullet} = \frac{k}{B} \frac{\cos\theta'}{M'\dfrac{B'}{B} + \Sigma \pm M''' \dfrac{C'''}{r}}$$

$$\frac{D'}{D'_\bullet} = \frac{k}{B} \frac{\cos\theta'}{M'\dfrac{B'}{B} + \Sigma \pm M''' \dfrac{C'''}{r}\dfrac{A'''}{A}}$$

(87)

Prenons pour exemple une machine à roues indépendantes, que M. Lechatelier étudie dans son ouvrage. En substituant, dans les précédentes équations, les poids aux masses, ce qui ne change pas les résultats, nous aurons (voir pages 52 et 54 de cet ouvrage).

$$M' = 77^{\text{kil}}, \quad M'' = 107^{\text{kil}}, \quad M''' \frac{C'''}{r} = 60^{\text{kil}}.$$

La quantité $M''' \dfrac{C'''}{r}$ représente le poids du bouton de la manivelle, augmenté de ce que l'auteur appelle *poids de la manivelle rapportée à son bouton* ; nous prenons le signe $+$, attendu que les rayons qui aboutissent au centre de gravité de ces masses sont de même sens que le rayon r de la manivelle ; ce terme est d'ailleurs le seul que comprenne ici la somme Σ. La quantité A''' doit différer très peu de A dans la machine dont s'occupe M. Lechatelier : pour plus de simplicité, nous pouvons, sans erreur sensible, supposer $\dfrac{A'''}{A} = 1$.

La situation du centre de gravité de la bielle n'est pas donnée ; mais nous avons lieu de croire que M. Lechatelier désigne par *poids de la bielle afférent à la manivelle* ce que nous désignons par $M' \dfrac{B'}{B}$: nous poserons donc

$$M' \frac{B'}{B} = 40^{kil};$$

d'où nous tirons :

$$\frac{B'}{B} = 0,52,$$

$$\frac{k}{B} = 0,48 \times 77 + 107 = 144,$$

$$M' + M'' + M''' \frac{C'''}{r} = 77 + 107 + 60 = 244,$$

$$M' \frac{B'}{B} + M''' \frac{C'''}{r} = 0,52 \times 77 + 60 = 100.$$

Il s'ensuit

$$\frac{C}{C_0} = \frac{D}{D_0} = \frac{144}{244} \sin \theta' = 0,59 \sin \theta',$$

$$\frac{C'}{C'_0} = \frac{D'}{D'_0} = \frac{144}{100} \cos \theta' = 1,44 \cos \theta'.$$

Or, nous avons dit que les règles de M. Lechatelier, relativement aux machines à cylindres horizontaux, se tirent de nos équations (74) en y faisant $\theta' = 0$. Introduisons cette valeur de θ' dans les expressions précédentes, et nous reconnaîtrons que, dans le cas actuel, les contrepoids de M. Lechatelier, tout en détruisant à très peu près les tendances au mouvement de *tangage* et de *lacet*, augmentent de 44 pour 100 les coefficients qui mesurent les tendances aux *oscillations normales* et au mouvement de *roulis*. Si les contrepoids étaient calculés avec une valeur de $\theta' = \pm \frac{\pi}{2}$, ces dernières seraient sensiblement détruites, et les premières se trouveraient réduites à 0,59 de leur intensité primitive.

Enfin, si l'on appliquait ici des contrepoids calculés avec une valeur de θ' moyenne entre les deux précédentes, c'est-à-dire en faisant $\delta' = \pm \frac{\pi}{4}$, il viendrait, abstraction faite des signes,

$$\frac{C_{,}}{C_{,}} = \frac{D_{,}}{D_{,}} = 0,42, \qquad \frac{C'_{,}}{C'_{,}} = \frac{D'_{,}}{D'_{,}} = 1,02.$$

En d'autres termes, les tendances aux mouvements de *tangage* et de *lacet* seraient réduites aux 4 dizièmes environ de ce qu'elles étaient avant l'application des contrepoids, tandis que les tendances aux *oscillations normales* et au mouvement de *roulis* ne subiraient pas de modifications sensibles.

Les valeurs numériques des quantités (86) et (87) doivent nécessairement varier dans les différents systèmes de locomotives. Il est facile de voir que ces nombres seront moindres dans les machines à roues accouplées où les bielles et manivelles d'accouplement seraient de même sens que les manivelles principales ; les inconvénients inhérents à la valeur $\delta'=o$ y seront moindres que dans les machines à roues indépendantes.

Sans pousser plus loin les recherches numériques, on peut présumer, d'après les nombres précédents, que le mode d'application des contrepoids en usage aujourd'hui n'est pas étranger aux dégradations qu'éprouvent par places les bandages des roues motrices.

Quoi qu'il en soit, on ne doit pas raisonnablement préférer *à priori* un système qui détruit à peu près certains inconvénients et qui en aggrave d'autres. Nous venons de voir que le système $\delta' = \pm \frac{\pi}{2}$ anéantit ceux que le premier aggrave, et réduit en même temps les autres. Ce ne serait cependant pas un motif suffisant de préférer ce système, attendu que le *tangage* et le *lacet* sont plus à redouter que les *oscillations normales* et le *roulis*, à cause des glissements qu'ils peuvent déterminer. Toutefois, on conçoit qu'il existe entre $\delta'=o$ et $\delta' = \frac{\pi}{2}$ une valeur intermédiaire de cette indéterminée qui fournisse les résultats les plus avantageux pour un système donné de locomotive. Mais la mécanique expérimentale ne nous fournit pas actuellement de données qui nous permettent d'apprécier la proportion dans laquelle les sommes des composantes et des moments des réactions exercées par les rails concourent à la détérioration locale des bandages. D'un autre côté, l'on ignore à peu près la liaison qui existe entre le travail du frottement et l'usé des tourillons et des glissières. Ce travail lui-même ne saurait être déterminé d'une manière générale, à cause de la variété des appareils de distribution de la vapeur. S'il en était autrement, le calcul des inconvénients inhérents à un système donné de contrepoids serait accessible à l'analyse mathématique. On sera donc obligé d'avoir recours à l'expérience pour fixer la valeur la plus convenable de l'angle t', et aussi pour déterminer la modification la plus avantageuse à apporter dans la distribution de la masse de la bielle, lorsque l'on consentira à modifier la forme et la masse de cet organe. En présence de l'impossibilité de satisfaire à l'ensemble des équations de condition provenant de $k > o$, et qui permettait d'y déroger d'une infinité de manières différentes, nous sommes heureux d'avoir réussi à introduire l'indéterminée t' qui réduit considérablement le champ ouvert aux tâtonnements et systématise les recherches expérimentales, comme on le verra plus loin.

SUITE DE LA RÉSOLUTION DES ÉQUATIONS DE CONDITION.

25. Au point où nous en sommes, il devient nécessaire de développer les sommes Σ dans les équations (74) ; nous rappellerons que leur définition est comprise dans la formule

$$\Sigma \mu \rho \frac{\sin}{\cos} \imath = \mu \rho \frac{\sin}{\cos} \imath + \mu' \rho' \frac{\sin}{\cos} \imath' + \mu'' \rho'' \frac{\sin}{\cos} \imath'' ;$$

nous isolerons le premier terme du second nombre, qui se rapporte à la roue dont l'axe a pour abscisse l, et nous poserons

$$\Sigma \mu' \rho' \frac{\sin}{\cos} \imath' = \mu' \rho' \frac{\sin}{\cos} \imath' + \mu'' \rho'' \frac{\sin}{\cos} \imath''.$$

en sorte que cette dernière somme ne contienne que les termes relatifs aux roues dont les abscisses des axes sont l' et l''. On aurait des expressions toutes pareilles en affectant de l'indice , les quantités ρ et ε, pour transformer les sommes Σ qui sont relatives aux roues situées du côté des y négatifs.

En effectuant ces changements dans les équations (74), il viendra

$$
\left.
\begin{aligned}
\mu\rho\sin\varepsilon + \Sigma\mu'\rho'\sin\varepsilon' &= -\frac{1}{2}\left(U - \frac{V}{\lambda}\right) - k'\sin(\theta+\theta')\cos(\theta+\theta'+\Theta) \\[6pt]
\mu\rho\cos\varepsilon + \Sigma\mu'\rho'\cos\varepsilon' &= -\frac{1}{2}\left(U + \frac{V}{\lambda}\right) + k'\sin(\theta+\theta')\sin(\theta+\theta'+\Theta) \\[6pt]
\mu\rho_,\sin\varepsilon_, + \Sigma\mu'\rho'_,\sin\varepsilon'_, &= +\frac{1}{2}\left(U - \frac{V}{\lambda}\right) - k'\sin(\theta+\theta')\cos(\theta+\theta'-\Theta) \\[6pt]
\mu\rho_,\cos\varepsilon_, + \Sigma\mu'\rho'_,\cos\varepsilon'_, &= -\frac{1}{2}\left(U + \frac{V}{\lambda}\right) + k'\sin(\theta+\theta')\sin(\theta+\theta'-\Theta)
\end{aligned}
\right\} \quad (88)
$$

Ces formules feront connaître $\mu\rho$, ε et $\mu\rho_,$, $\varepsilon_,$, lorsque les quantités Σ, qui sont relatives aux roues dont les abscisses sont l' et l'', seront connues.

Les équations (73) destinées aux vérifications numériques deviennent de la même manière

$$
\left.
\begin{aligned}
\mu\rho\sin\varepsilon + \mu\rho_,\sin\varepsilon_, + \Sigma\mu'\rho'\sin\varepsilon' + \Sigma\mu'\rho'_,\sin\varepsilon'_, &= -k'\sin 2(\theta+\theta')\cos\Theta \\
\mu\rho\cos\varepsilon - \mu\rho_,\cos\varepsilon_, + \Sigma\mu'\rho'\cos\varepsilon' - \Sigma\mu'\rho'_,\cos\varepsilon'_, &= -k'\sin 2(\theta+\theta')\sin\Theta
\end{aligned}
\right\} \quad (89)
$$

Il ne sera pas sans intérêt de présenter la remarque suivante concernant l'emploi des équations (88). Le sens des x positifs pour lequel nous avons pris celui du mouvement de la machine, est arbitraire, puisqu'on peut toujours supposer à ce mouvement un sens contraire à celui que l'on aura choisi d'abord. Il faut donc que les équations (88) assignent les mêmes masses et les mêmes positions absolues aux contrepoids montés sur les mêmes roues, lorsque l'on applique les équations en partant d'un sens du mouvement opposé au sens primitif. Il est facile de vérifier qu'il en sera effectivement ainsi ; en effet, cette inversion aura pour résultat de changer les ρ, ε, ε' en $\rho_,$, $-\varepsilon_,$ et $-\varepsilon'_,$; l'inclinaison θ des cylindres se changera en $\pi-\theta$; et, comme l'angle θ' est censé affecté du double signe, l'angle $\theta + \theta'$ peut toujours se changer en $\pi - (\theta + \theta')$. Les quantités μ, U, $\dfrac{V}{\lambda}$, k' et ω conserveront d'ailleurs les mêmes valeurs. Or, il est facile de vérifier qu'en effectuant ces changements dans la 1re et la 2e équation (88), on retombera sur la 3e et la 4e, et réciproquement.

Nous allons maintenant nous occuper des équations de condition (54). Ces équations, au nombre de deux seulement, sont destinées à faire disparaître les principales inégalités dans l'équation (y), qui est celle des moments autour de l'axe horizontal perpendiculaire à la voie. Elles répondent au mouvement de *galop*. (Les équations (55) comprennent bien quatre équations relatives à des inégalités du même genre; mais nous avons déjà fait remarquer qu'elles ne se rapportent qu'au poids des pièces et à la variation de vitesse, en sorte que les équations (54) peuvent être considérées comme les principales équations de condition relatives à la destruction de la tendance au mouvement de *galop*.)

Multiplions la 1re équation (54) par $\cos\theta$, et la 2e par $\sin\theta$, puis ajoutons; d'autre part, multiplions la 1re par $\sin\theta$, et la 2e par $\cos\theta$, puis retranchons la 1re de la 2e; il viendra, en vertu de $\varepsilon = e + \theta$, $\varepsilon_1 = e_1 + \theta$ [voir (45)],

$$\begin{aligned}
w_0(\cos\theta + \sin\theta) - w_1 - \Sigma\mu\rho l \sin\varepsilon - \Sigma\mu\rho_1 l \cos\varepsilon_1 = 0 \\
w_0(\cos\theta - \sin\theta) - w_1 - \Sigma\mu\rho l \cos\varepsilon + \Sigma\mu\rho_1 l \sin\varepsilon_1 = 0
\end{aligned} \right\} \quad (90)$$

Cette substitution de l'angle ε à l'angle e ne suffit pas; il convient de séparer ici, comme nous l'avons fait plus haut, les termes qui se rapportent aux roues dont l'abscisse est l, en posant

$$\Sigma\mu\varepsilon l \frac{\sin}{\cos}\varepsilon = \mu\rho l \frac{\sin}{\cos}\varepsilon + \Sigma\mu'\rho' l' \frac{\sin}{\cos}\varepsilon',$$

et de même pour les sommes qui contiennent l'indice 1, et cela afin d'éliminer les termes en l. Il vient de la sorte

$$w_0(\cos\theta + \sin\theta) - w_1 - \mu\rho l \sin\varepsilon - \mu\rho_1 l \cos\varepsilon_1 - \Sigma\mu'\rho' l' \sin\varepsilon' - \Sigma\mu'\rho'_1 l' \cos\varepsilon'_1 = 0,$$
$$w_0(\cos\theta - \sin\theta) - w_1 - \mu\rho l \cos\varepsilon + \mu\rho_1 l \sin\varepsilon_1 - \Sigma\mu'\rho' l' \cos\varepsilon' + \Sigma\mu'\rho'_1 l' \sin\varepsilon'_1 = 0.$$

Ajoutons la 1re et la 4e équation (88), puis retranchons la 3^e

de la 2e; il viendra, en ayant égard aux relations (78) qui sont encore vraies lorsqu'on y change θ' en $\theta+\theta'$, et aux équations (79),

$$\mu\rho\sin\varepsilon+\mu\rho_1\cos\varepsilon_1+\Sigma\mu'\rho'\sin\varepsilon'+\Sigma\mu'\rho'_1\cos\varepsilon'_1=-\mathrm{U}-k\frac{r}{\mathrm{B}}\sin(\theta+\theta')[\cos(\theta+\theta')-\sin(\theta+\theta')]$$

$$\mu\rho\cos\varepsilon-\mu\rho_1\sin\varepsilon_1+\Sigma\mu'\rho'\cos\varepsilon'-\Sigma\mu'\rho'_1\sin\varepsilon'_1=-\mathrm{U}+k\frac{r}{\mathrm{B}}\sin(\theta+\theta')[\cos(\theta+\theta')+\sin(\theta+\theta')]$$

Multiplions maintenant ces deux équations par l, et ajoutons-les respectivement à la 1re et la 2e des précédentes, nous aurons

$$w_0(\cos\theta+\sin\theta)-w_1-\Sigma\mu'\rho'(l'-l)\sin\varepsilon'-\Sigma\mu'\rho'_1(l'-l)\cos\varepsilon'_1=-\mathrm{U}l-k\frac{r}{\mathrm{B}}l\sin(\theta+\theta')[\cos(\theta+\theta')-\sin(\theta+\theta')]$$

$$w_0(\cos\theta-\sin\theta)-w_1-\Sigma\mu'\rho'(l'-l)\cos\varepsilon'+\Sigma\mu'\rho'_1(l'-l)\sin\varepsilon'_1=-\mathrm{U}l+k\frac{r}{\mathrm{B}}l\sin(\theta+\theta')[\cos(\theta+\theta')+\sin(\theta+\theta')]$$

Ces équations ne contiennent plus les inconnues $\mu\rho$, ε, ni $\mu\rho_1$, ε_1, qui se rapportent aux contrepoids de la roue dont l'abscisse est l. Les inconnues sont au nombre de deux pour chaque contrepoids : si les six roues sont accouplées, les inconnues que renferment nos deux équations sont au nombre de huit ; si deux paires de roues seulement sont accouplées, il reste encore quatre inconnues. On peut donc, dans les deux cas, y satisfaire d'une infinité de manières différentes. Nous profiterons de cette indétermination pour introduire une simplification, qui consistera à faire

$$\mu'\rho'_1=\mu'\rho', \quad \varepsilon'_1=\varepsilon'; \tag{92}$$

de sorte que les contrepoids appliqués à deux roues montées sur le même essieu, autre que celui dont l'abscisse est l, seront identiques et disposés de même par rapport aux manivelles situées du même côté. Il n'en résultera aucune impossibilité physique de satisfaire aux équations (88), puisque leurs racines $\mu\rho\sin\varepsilon$, $\mu\rho\cos\varepsilon$, $\mu\rho_1\sin\varepsilon_1$ et $\mu\rho_1\cos\varepsilon_1$, seront toujours des quantités réelles, ces équations étant du premier degré ; et que les va-

leurs $\varrho\varphi$, $\varrho_1\varphi_1$, pourront toujours être prises positivement moyen-
nant un choix convenable des angles z et z_1.

Les conditions (92) étant introduites dans les équations (91),
on en tirera par soustraction et addition, puis transposant,

$$\left.\begin{aligned}
\Sigma\varrho'\varphi'(l'-l)\sin z' &= w_2\sin\delta + l.k\frac{r}{B}\sin(\delta+\delta')\cos(\delta+\delta')\\[2mm]
\Sigma\varrho'\varphi'(l'-l)\cos z' &= w_2\cos\delta - w_1 + l.[U - k\frac{r}{B}\sin^2(\delta+\delta')]
\end{aligned}\right\} \quad (93)$$

Telles sont les équations qu'il s'agissait d'obtenir. Les termes
en l qu'elles renferment aux seconds membres disparaîtront
partout ailleurs que dans les machines employées au chemin de
fer du Nord, dont nous avons parlé en commençant ; car on
pourra toujours faire $l=o$ en prenant pour abscisse l, l'abscisse
de l'axe de l'essieu moteur principal, lequel coïncide avec l'origine des coordonnées.

La remarque que nous avons présentée à l'occasion des
équations (88) se reproduit à l'égard des équations (93) ; seulement les indices 1 ayant disparu, ces équations doivent donner les mêmes valeurs de $\varrho'\varphi'$, et des valeurs égales et de signe
contraire des angles z', lorsque l'on intervertit le sens primitif
de l'axe des x ; de sorte que, dans les deux cas, il en résulte
pour chaque roue un même contrepoids occupant une situation
identique. Lorsque le sens primitif est interverti, les ab-
scisses l, l' et l'', changent de signe, ainsi que w_2 ; les angles δ
et $\delta+\delta'$ se changent en $\pi-\delta$ et $\pi-(\delta+\delta')$ comme ci-dessus,
tandis que U, w_1 et $k\frac{r}{B}$ conservent leurs signes. Il est facile de
voir que ces changements opérés dans les équations (93) n'ont
pour résultat que de changer les signes des z', comme cela
doit être.

Les équations (93) serviront au calcul des contrepoids autres
que ceux des roues motrices principales ; puis les équations
(88), simplifiées par les conditions (92), fourniront les éléments
des contrepoids des roues motrices principales elles-mêmes. La
solution générale du problème de la détermination des contrepoids fournie par ces équations serait complète, s'il ne restait

à fixer convenablement la valeur de l'indéterminée ℓ', et la limite du décroissement de la fonction k, faute de pouvoir annuler cette dernière.

26. Les équations (93) suffiront, dans les machines à quatre roues accouplées, pour calculer les éléments des contrepoids identiques des deux roues portées sur l'essieu dont l'abscisse est ℓ', au moyen de cette abscisse et des quantités w_a et w_i. Dans le cas des six roues accouplées, il faudra joindre à ces équations deux conditions arbitraires, sur lesquelles nous reviendrons plus loin.

S'il s'agit de machines à roues indépendantes, les masses μ' et μ'' seront nulles, ainsi que l'abscisse l de l'essieu moteur; d'un autre côté, la fonction w_i (48) sera également nulle, parce qu'elle se réduit aux termes relatifs à la manivelle principale et à son bouton, et que l'abscisse L''', qui leur est commune, est égale à zéro. Les deux équations (93) se réduisent alors à l'équation de condition unique

$$w_a = 0.$$

Pour interpréter cette condition et préciser en même temps la fonction w_a (48), nous la mettrons sous la forme

$$w_a = \frac{r}{B} \frac{B_a}{\cos\varphi} [M'B'^2 + M'I'^2 - M'B'B].$$

En vertu d'un théorème connu sur les moments d'inertie, la quantité $M'B'^2 + M'I'^2$ est égale au moment d'inertie de la bielle par rapport à un axe perpendiculaire au plan du mouvement et passant par le point d'articulation de la bielle et de la tête du piston. Soit B'' la longueur du pendule simple qui accomplit ses oscillations dans le même temps que la bielle autour de cet axe, on aura

$$B'' = \frac{M'B'^2 + M'I'^2}{M'B'};$$

T désignant la durée des oscillations simples de ce pendule, B'' se détermine en fonction de T, par la formule

$$B'' = g\left(\frac{T}{\pi}\right)^2, \tag{94}$$

et la valeur de w_2 deviendra

$$w_2 = \frac{r}{B} \frac{B_0}{\cos\varphi} M'B'(B''-B), \qquad (95)$$

expression dans laquelle le facteur $\dfrac{B_0}{\cos\varphi}$ peut être remplacé par

sa valeur très approchée $\dfrac{1}{\sqrt{\cos\varphi}}$.

La condition $w_2 = 0$ se traduit donc simplement par

$$B'' = B, \qquad (96)$$

c'est-à-dire que la longueur du pendule simple équivalent à la bielle devrait être égale à la longueur de celle-ci. En d'autres termes, les points où l'axe de la bielle coupe les axes du bouton de la manivelle et de la tête du piston doivent être des centres d'oscillation ou de percussion réciproques. Cette condition peut être remplie au moyen de formes très diverses données à la bielle ; mais on ne parvient à aucune forme admissible dans la pratique sans prolonger cet organe. Dans le cas idéal où la bielle se réduirait à une simple ligne droite sans dimensions transversales, on sait que le centre d'oscillation serait situé aux deux tiers de sa longueur. Il faudrait donc, pour le faire coïncider avec le bouton de la manivelle, prolonger cette bielle idéale de moitié.

Nous allons faire voir que la condition $w_2 = 0$ est incompatible avec la condition $k = 0$ (63), sans laquelle il est impossible de détruire simultanément les tendances aux mouvements de *tangage*, de *lacet*, aux *oscillations normales* et au mouvement de *roulis*. En effet, la condition $w_2 = 0$ donne

$$M'T'^2 - M'B'(B-B') = 0,$$

l'autre condition est

$$M''B + M'(B-B') = 0,$$

et ne peut être satisfaite que par une valeur positive de B' ; multipliant cette équation par B' et ajoutant à la précédente, il vient

$$M'I'^2 + M''BB' = o,$$

condition incompatible avec une valeur positive de B'.

L'incompatibilité que nous rencontrons ici est la seule que présente la question de la stabilité des machines locomotives envisagée au point de vue purement théorique. En supposant possible de satisfaire pratiquement à la condition $k = o$, on se trouverait obligé, dans le cas des machines à roues indépendantes, de décider laquelle de celle-ci ou de $w_2 = o$ doit être sacrifiée à l'autre, ou mieux quelle serait la manière la plus avantageuse de déroger à toutes deux à la fois. D'après les motifs exposés plus haut, on devrait encore recourir à l'expérience.

Il est toutefois digne de remarque que ces deux conditions conduisent l'une et l'autre à prolonger la bielle; et l'on peut voir que, si l'on applique sur le plongement de la bielle, du côté de la manivelle, des masses successivement croissantes en un point donné, ou des masses constantes à des distances variables, on arrivera à obtenir le résultat $w_2 = o$ avant que la fonction k ne s'annule; en sorte que la première condition satisfaite peut être considérée comme un acheminement vers la seconde.

Ces considérations nous amènent tout naturellement à dire ici quelques mots des recherches auxquelles nous nous sommes livré à l'égard des inconvénients que peuvent, en général, entraîner les deux conditions dont il s'agit.

DES AVANTAGES ET INCONVÉNIENTS DU PROLONGEMENT DE LA BIELLE A UN POINT DE VUE AUTRE QUE CELUI DE LA STABILITÉ.

27. Notre théorie de la stabilité suppose une rigidité des pièces toujours suffisante, et ne tient aucun compte de l'action des ressorts de suspension. On conçoit que la rigidité soit réalisable à la rigueur, et que les mouvements du bâtis soient maintenus dans des limites données, par un serrage assez puis-

sant des ressorts de suspension ; mais la rigidité et le serrage ont des limites qu'on ne saurait dépasser. D'un autre côté, en supposant que par un fort serrage on puisse rendre insignifiantes les oscillations des glissières, celles-ci n'en seraient pas moins soumises à des pressions qui pourraient croître énormément avec la vitesse, et donner lieu à un travail de frottement et à une détérioration des diverses pièces de la machine, dont il est impossible de faire abstraction. Les boutons de manivelle devraient pouvoir aussi résister à des efforts considérables.

Ce nouveau point de vue m'a conduit à examiner particulièrement l'effet du mouvement de la bielle et du piston sur les glissières et le bouton de la manivelle. Dans cette recherche, j'ai dû admettre, sauf vérification ultérieure, que les dimensions des pièces présentaient une résistance suffisante, et laisser de côté le travail du frottement dans l'articulation de la bielle et de la tête du piston, comme sans importance vis-à-vis de celui des glissières.

Le système formé par la bielle et le piston, indépendamment des poids de ces deux organes et de la pression de la vapeur, est soumis à des forces extérieures qui sont : 1° l'action du bouton de la manivelle sur la bielle ; 2° l'action des glissières ; 3° les actions moins facilement déterminables exercées sur la tige du piston par le collet du cylindre, et celles que le cylindre lui-même exerce sur le piston. J'ai omis ces dernières comme peu importantes dans la question qui nous occupe. En appliquant à ce système les équations du mouvement de translation parallèlement et perpendiculairement à l'axe du cylindre, et l'équation des moments autour d'un axe perpendiculaire au plan du mouvement, en tout trois équations, nous avons pu déterminer la valeur de la pression produite par les glissières et les deux composantes de l'action exercée par le bouton de la manivelle. Voici maintenant ce qui ressort des résultats obtenus.

La pression de la vapeur transmise par le piston donne lieu à une action normale aux glissières, et toujours de même sens,

lorsque les tiroirs n'ont pas d'avance. Le poids de la bielle et
du piston donne aussi lieu à des composantes normales aux
glissières dans les cylindres inclinés, et à des composantes tan-
gentielles qui se combinent avec le frottement des glissières.
Ces diverses composantes pourraient être appelées composantes
statiques, en ce sens que ce sont celles que l'on obtiendrait en
les calculant comme si la bielle et le piston étaient au repos.
Mais le mouvement de la bielle et du piston produisent en outre
des actions normales aux glissières, qui varient avec la position
de la manivelle, la vitesse angulaire et la variation de cette vitesse par unité de temps.

Les termes principaux des expressions analytiques des composantes normales aux glissières sont proportionnels au carré
de la vitesse, et au nombre de deux. Le premier, et le plus important, a pour facteur la fonction w_2 ; sa période est un tour de
la roue motrice, en sorte qu'il augmente et diminue alternativement la pression statique. Le second terme a pour facteur la
fonction k, et la période de son action est d'un demi-tour de la
roue motrice ; il augmente et diminue deux fois alternativement
la pression due à la composante statique et au précédent terme,
et pour cette raison devient moins important à considérer.

Si le sens de l'action de la vapeur sur les glissières n'était pas
sensiblement constant, il y aurait quelque intérêt à disposer de
la masse de la bielle de manière que le terme en w, fût constamment de signe contraire à la pression statique de la vapeur
transmise aux glissières. Mais il n'en est pas ainsi. Il convient
donc d'annuler le facteur w_2.

Quant au terme en k, il serait convenable aussi, mais moins
important, de l'annuler, au point de vue de l'action normale
transmise aux glissières. Or nous avons vu, n° 26, que les conditions $w_2 = o$ et $k = o$ sont incompatibles, et qu'en satisfaisant
à la première, qui est d'ailleurs exigée dans les machines à
roues indépendantes, pour détruire la tendance au mouvement
de *galop*, par un prolongement de la bielle du côté de la manivelle, on est cependant moins éloigné de satisfaire à la seconde

qu'avec la forme actuelle des bielles. Si l'on fait $w_i = 0$ dans les machines à roues accouplées, les termes provenant de la bielle dans les équations de condition relatives au mouvement de *galop* seront détruits; et il n'y aura à équilibrer sous ce rapport que les masses des bielles et manivelles d'accouplement, au moyen de contrepoids appliqués aux roues autres que les roues motrices principales.

Il y a donc incontestablement avantage à faire $w_i = 0$, c'est-à-dire à prolonger la bielle en sorte que la longueur du pendule simple équivalent soit égale à longueur B, lorsqu'on se propose de diminuer les variations des actions que la tête du piston transmet aux glissières et les oscillations qui en sont la conséquence.

Maintenant, il reste à savoir quelle pourra être l'influence de la condition $w_i = 0$ sur les pressions auxquelles est soumis le bouton de la manivelle. J'ai calculé à cet effet la valeur maximum de ces pressions dans la machine citée n° 24, pour une vitesse de 4 tours par seconde; d'un autre côté, substituant au poids 77^k de la bielle un poids de 125^k, à cause du prolongement, et supposant $\frac{B'}{B} = 0,6$, puis faisant $B'' = B$ pour satisfaire à l'équation $w_i = 0$, j'ai calculé de même la pression maximum exercée sur le bouton de la manivelle, avec la vitesse de 4 tours par seconde, et le résultat, comparé au précédent, s'est trouvé être une augmentation de pression tout à fait insignifiante. En sorte qu'il n'y aurait pas nécessité dans ce cas de renforcer le bouton de la manivelle, et que le travail du frottement sur ce bouton ne serait que faiblement augmenté.

Après avoir examiné les principales conséquences de la condition $w_i = 0$, je n'aurai que peu de mots à dire de celles qu'entraînerait la condition $k = 0$. Les pressions sur les glissières et le bouton de la manivelle deviendraient énormes pour les grandes vitesses, et nécessiteraient un grand accroissement de la résistance des pièces, en produisant un travail de frottement considérable. Ces inconvénients, qui tiennent à la grandeur des masses, ne peuvent être atténués que par une réduction de certaines parties des masses en mouvement. Ce serait le cas d'examiner s'il n'y aurait pas lieu de construire en acier le piston et ses accessoires, puis la partie de la bielle comprise entre le bouton de la manivelle et la tête du piston, le prolongement de la bielle pouvant être construit en fer. Tous les inconvénients inhérents à la difficulté d'annuler k se trouveraient notablement réduits.

De l'ensemble de ce qui vient d'être exposé il résulte évidemment que le prolongement de la bielle peut être avantageusement pratiqué jusqu'au point où l'équation $w_0 = 0$ (*) est satisfaite, et qu'il est nécessaire d'examiner jusqu'où ce prolongement pourrait s'étendre utilement au-delà, dans le but de diminuer la valeur de k. L'expérience doit être consultée à cet égard.

ÉQUATIONS DE TRANSLATION ET DE ROTATION, EN AYANT ÉGARD AUX ÉQUATIONS DE CONDITION RELATIVES A LA DÉTERMINATION DES CONTREPOIDS.

28. Nous avons trouvé, n° 23, que, les équations (74) étant supposées satisfaites, les quatre angles ϕ, ϕ', ψ et ψ' acquièrent une valeur commune égale à $\phi + \phi' - \frac{\pi}{4}$, alors que les coefficients C, C', D, D', se réduisent aux expressions (85). D'un autre côté, les équations (90), ou leurs équivalentes (93), qui sont relatives au mouvement de *galop*, étant pareillement satis-

---

(*) On pourrait encore se proposer d'annuler w_0 dans le cas des machines à cylindres intérieurs, où la bielle ne peut pas être prolongée, au moyen d'une masse additionnelle fixée à la bielle près du bouton de la manivelle, ou même ayant son centre de gravité en ce point; mais je n'ai pas examiné l'influence de cette masse relativement au frottement qu'elle produirait sur le bouton. Si cette disposition était impraticable, et si, d'ailleurs, le mode d'application des contrepoids qui résulte de notre théorie présentait des avantages marqués dans la pratique, on serait conduit à préférer les machines à cylindres extérieurs, qui se prêtent sans difficulté à des modifications plus ou moins considérables de la forme de la bielle.

faites, annulent la valeur de J, équations (54). Nous allons substituer ces diverses valeurs dans les équations du n° 20, en remplaçant, pour plus de simplicité, dans celles-ci, les termes du 2ᵉ ordre par leurs valeurs (59) (*), et négligeant les termes des ordres supérieurs. Le résultat de ces substitutions est :

Équation [x],

$$F + F_{,} = Q + Q' + \left(\frac{dv}{dt} - g\sin g'\right)\Sigma M$$

$$- 2k\sin\varphi\sin g'\sin\left(\alpha + \theta + \theta' - \frac{\pi}{4}\right)\frac{d^2\alpha}{dt^2}$$

$$- 2k\sin\varphi\sin g'\cos\left(\alpha + \theta + \theta' - \frac{\pi}{4}\right)\frac{d\alpha^2}{dt^2}$$

Équation [y],

$$G + G' + G'' = 0$$

Équation [z],

$$-(H + H' + H'') - (H_{,} + H'_{,} + H''_{,}) = -g\cos g'\Sigma M$$

$$+ 2k\sin\varphi\cos g'\sin\left(\alpha + \theta + \theta' - \frac{\pi}{4}\right)\frac{d^2\alpha}{dt^2}$$

$$+ 2k\sin\varphi\cos g'\cos\left(\alpha + \theta + \theta' - \frac{\pi}{4}\right)\frac{d\alpha^2}{dt^2}$$

Équation (z),

$$Gl + G'l' + G''l'' - (F - F_{,})E = -2k\sin\varphi\sin g' A\cos\left(\alpha + \theta + \theta' - \frac{\pi}{4}\right)\frac{d^2\alpha}{dt^2}$$

$$+ 2k\sin\varphi\sin g' A\sin\left(\alpha + \theta + \theta' - \frac{\pi}{4}\right)\frac{d\alpha^2}{dt^2}$$

$$+ 0,040\,4077 . kA\cos\theta\sin 2\alpha\,\frac{d^2\alpha}{dt^2}$$

$$+ 0,080\,8154 . kA\cos\theta\cos 2\alpha\,\frac{d\alpha^2}{dt^2}$$

(*) Il ne faut pas perdre de vue que ces valeurs sont calculées pour les machines dans lesquelles on a $\frac{r}{R} = \frac{4}{5}$. Dans le cas où $\frac{r}{R}$ on différerait notablement, il faudrait calculer les coefficients des premiers termes des séries par les formules données dans la note du n° 13.

Équation (x),

$$(H_{,}+H'_{,}+H''_{,})E - (H+H'+H'')E =$$

$$-2k\sin\varphi\cos\theta'\,A\cos\left(\alpha+\theta+\theta'-\frac{\pi}{4}\right)\frac{d^2\alpha}{dt^2}$$

$$+2k\sin\varphi\cos\theta'\,A\sin\left(\alpha+\theta+\theta'-\frac{\pi}{4}\right)\frac{d\alpha^2}{dt^2}$$

$$+0{,}040\,5077.kA\sin\theta\sin2\alpha\,\frac{d^2z}{dt^2}$$

$$+0{,}080\,8154.kA\sin\theta\cos2\alpha\,\frac{d\alpha^2}{dt^2}$$

Équation (y),

$$(F+F_{,})R+(H+H_{,})\lambda+(H'+H'_{,})\lambda'+(H''+H''_{,})\lambda''=$$

$$Qq+Q'q'+g\,\Gamma_{,}\Sigma M - 2S\frac{d^2z}{dt^2}+2S'\frac{dv}{dt}$$

$$+2k\sin\varphi\left[y\sin(\varphi'+\theta')-\cos\theta'\frac{dv}{dt}\right]\cos\left(\alpha+\theta+\theta'-\frac{\pi}{4}\right)$$

$$-0{,}007\,1978\,\omega_{,}\sin\left(3\alpha+\frac{\pi}{4}\right)\frac{d^2\alpha}{dt^2}$$

$$-0{,}021\,5934\,\omega_{,}\cos\left(2\alpha+\frac{\pi}{4}\right)\frac{d\alpha^2}{dt^2}\qquad(*)$$

Ces équations donnent les valeurs des inégalités qui subsistent dans les locomotives armées de contrepoids calculés suivan les formules (74) et (93) en fonction de l'indéterminée θ'. Or, avons-nous dit, la quantité θ' doit être considérée comme affectée du signe $\pm$. Il est facile de voir actuellement le résultat du changement de signe de cette indéterminée. En effet, les termes où entre θ' ont pour facteurs des fonctions de l'une ou de l'autre forme

$$\sin\theta'\frac{\sin}{\cos}\left(\alpha+\theta+\theta'-\frac{\pi}{4}\right),\qquad \cos\theta'\frac{\sin}{\cos}\left(\alpha+\theta+\theta'-\frac{\pi}{4}\right):$$

(*) Pour appliquer ces équations aux machines équilibrées en suivant les règles de M. Lechatelier, il faudrait y faire $\theta'=0$ ou π, et rétablir dans l'équation (y) les termes

$$+J\cos(\alpha+\varpi)\frac{d^2z}{dt^2}-J\sin(\alpha+\varpi)\frac{d\alpha^2}{dt^2}$$

qui sont devenus nuls avec notre système de contrepoids. Les valeurs de J et ϖ sont données par les équations (54).

le changement de θ' en $-\theta'$ a pour résultat de changer le signe du facteur $\sin \theta'$, tandis que la valeur absolue du coefficient reste la même ; et de changer la valeur de α pour laquelle le terme correspondant acquiert une valeur donnée. Quant au terme en $\cos \theta'$, la valeur α qui répond à la valeur donnée est seule modifiée.

Il en résulte que deux systèmes de contrepoids calculés au moyen de valeurs égales et de signes contraires de l'indéterminée θ' peuvent être considérés comme présentant un même degré de stabilité, et que la différence de leur action ne se manifeste que par la différence des positions des manivelles auxquelles répondent les actions perturbatrices de même intensité. Ce ne serait donc que dans des considérations étrangères à celles que nous fournit l'examen des équations précédentes, que l'on pourrait puiser des motifs de préférence entre deux valeurs égales et de signes contraires de θ'.

Les équations $[x]$, etc., se prêtent à quelques combinaisons intéressantes.

Éliminons $F + F$, entre la première et la dernière, nous aurons, à cause de $\dfrac{d^2\alpha}{dt^2} = \dfrac{1}{R}\dfrac{dv}{dt}$, dans l'hypothèse où il n'y a pas de glissement,

$$
\begin{aligned}
(H + H_{,})l &+ (H' + H'_{,})l' + (H'' + H''_{,})l'' = \\
&Q(q - R) + Q'(q' - R) + g\left(\Gamma_{,} + R \sin \theta'\right)\Sigma M \\
&+ 2\left(S' - \frac{S}{R} - R\frac{\Sigma M}{2}\right)\frac{dv}{dt} \\
&+ 2k\sin\varphi\left[g\sin(\theta' + \theta') - \cos\theta'\frac{dv}{dt}\right]\cos\left(\alpha + \theta + \theta' - \frac{\pi}{4}\right) \\
&+ 2k\sin\varphi \sin\theta' R \sin\left(\alpha + \theta + \theta' - \frac{\pi}{4}\right)\frac{d^2\alpha}{dt^2} \\
&+ 2k\sin\varphi \sin\theta' R \cos\left(\alpha + \theta + \theta' - \frac{\pi}{4}\right)\frac{d\alpha^2}{dt^2} \\
&- 0{,}007\,1978\,\omega_{,}\sin\left(3\alpha + \frac{\pi}{4}\right)\frac{d^2\alpha}{dt^2} \\
&- 0{,}021\,5934\,\omega_{,}\cos\left(3\alpha + \frac{\pi}{4}\right)\frac{d\alpha^2}{dt^2}
\end{aligned}
\quad (97)
$$

Les équations [z] et (x), en divisant la 2ᵉ par E, vont nous donner aisément les sommes séparées des réactions normales à la voie, qui se produisent sur les roues situées d'un côté et de l'autre du plan méridien. Posons, pour plus de commodité,

$$\tang \upsilon = \frac{E}{A} \, ; \tag{98}$$

l'on trouvera aisément

$$H + H' + H'' = g \cos q' \frac{\Sigma M}{2}$$
$$\left.\begin{aligned}
&+ k \sin \varphi \frac{\cos \delta'}{\sin \upsilon} \cos \left(\alpha + \delta + \theta' + \upsilon - \frac{\pi}{4} \right) \frac{d^2 \alpha}{dt^2} \\
&- k \sin \varphi \frac{\cos \delta'}{\sin \upsilon} \sin \left(\alpha + \delta + q' + \upsilon - \frac{\pi}{4} \right) \frac{d\alpha^2}{dt^2} \\
&- 0,020\,2058\, k \, \frac{\sin \delta}{\tang \upsilon} \sin 2\alpha \, \frac{d^2 \alpha}{dt^2} \\
&- 0,040\,4077\, k \, \frac{\sin \delta}{\tang \upsilon} \cos 2\alpha \, \frac{d\alpha^2}{dt^2}
\end{aligned}\right\} \tag{99}$$

$$H_{,} + H'_{,} + H''_{,} = g \cos q' \frac{\Sigma M}{2}$$
$$\left.\begin{aligned}
&- k \sin \varphi \frac{\cos q'}{\sin \upsilon} \cos \left(\alpha + \delta + \theta' - \upsilon - \frac{\pi}{4} \right) \frac{d^2 \alpha}{dt^2} \\
&+ k \sin \varphi \frac{\cos \delta'}{\sin \upsilon} \sin \left(\alpha + \delta + q' - \upsilon - \frac{\pi}{4} \right) \frac{d\alpha^2}{dt^2} \\
&+ 0,020\,2038\, k \, \frac{\sin \delta}{\tang \upsilon} \sin 2\alpha \, \frac{d^2 \alpha}{dt^2} \\
&+ 0,040\,4077\, k \, \frac{\sin \delta}{\tang \upsilon} \cos 2\alpha \, \frac{d\alpha^2}{dt^2}
\end{aligned}\right\} \tag{100}$$

29. Ces équations et les précédentes contiennent encore d'autres termes variables que les termes en k et υ.

Nous trouvons dans l'équation [x] la force de traction Q et le terme $\frac{d\varrho}{dt} \Sigma M$. Les variations de ces termes ne peuvent disparaître que par l'emploi d'appareils de distribution de vapeur capables de maintenir la vitesse de rotation constante pour toute position de la manivelle.

La quantité Q se trouve multipliée par q dans l'équation (y); d'où il suit que, pour éviter l'effet de ses variations dans le mouvement de *galop*, il faudrait que la barre d'attelage, dont q est l'ordonnée, fût placée à la hauteur des essieux des roues motrices.

L'équation (y) contient encore deux termes variables, l'un en S, l'autre en S', qui nous ont fourni déjà l'équation de condition (52)

$$RS' - S = o.$$

Pour l'interpréter, il suffit d'observer, en remontant aux équations (49 *bis*), que les pièces tournantes dont les moments d'inertie entrent dans la valeur de S sont une faible partie de la masse M_f des pièces fixes. Considérant l'ordonnée N_f du centre de gravité de M_f comme inconnue, l'équation précédente fournirait évidemment une valeur positive et très petite de N_f. Il faudrait donc, pour annuler l'influence de la masse des pièces fixes et des moments d'inertie des pièces tournantes, dans le mouvement de *galop*, que le centre de gravité des pièces fixes, ou le centre de gravité général, fût placé un peu au dessous du plan parallèle à la voie, qui passe par l'essieu moteur.

On arrive à des conséquences très différentes en posant d'autres conditions que permet d'établir l'équation (97). Cette dernière et les équations (99) et (100) sont les seules qui renferment les forces H, sans contenir les forces F ou G.

Les deux dernières équations ne renferment pas Q; cette quantité se trouve seulement dans l'équation (97) affectée du facteur $q - R$. Il s'ensuit que la condition relative à l'invariabilité des actions normales au plan de la voie qui peuvent provenir de la variation de l'effort de traction est $q = R$; ce qui signifie que la barre d'attelage devrait être attachée au niveau des rails. Enfin cette même équation donne, pour condition de l'invariabilité des mêmes actions provenant de la variation de la vitesse, cette autre équation

$$S' - \frac{S}{R} - R\Sigma\frac{M}{2} = o.$$

On en tire, en vertu des équations (49 *bis*), et observant que $\frac{1}{2}\Sigma M$ est un peu plus grand que M_f, cette conséquence, que le centre de gravité des pièces fixes devrait être un peu au dessous du niveau des rails.

Une pareille situation du centre de gravité est plus impossible encore que la précédente, et l'on voit qu'il n'y a d'autre moyen d'éliminer l'influence de la hauteur du centre de gravité que de faire disparaître les variations de la vitesse.

Les deux conditions que nous avons trouvées pour la hauteur du point d'attache de la barre d'attelage ne sont pas plus concordantes. Cependant l'équation (97) peut nous offrir d'utiles renseignements. Au lieu de chercher à rendre les réactions H indépendantes de la charge remorquée, il peut y avoir, au contraire, de l'intérêt à faire croître les pressions H avec la charge Q, afin que l'adhérence qui leur est proportionnelle croisse en même temps.

L'abscisse l est nulle ailleurs que dans les machines du chemin du Nord déjà citées. Laissons de côté ces machines pour le moment. Le premier membre de (97) se réduit alors à deux termes. Dans le cas de machines accouplées dont les cylindres sont à l'arrière, les abscisses l' et l'' étant positives, il est visible que les pressions exercées sur les roues correspondantes croîtront avec la valeur algébrique du facteur $q-R$.

Dans les machines où les roues motrices principales sont au milieu, l'une des abscises l' et l'' est négative, l'autre est positive, et ces deux quantités sont à peu près égales d'ailleurs. Admettons, pour fixer les idées, que l' se rapporte aux roues d'arrière et l'' aux roues d'avant, le premier membre de l'équation (97) sera à peu près proportionnel à l'excès des pressions des roues d'avant sur les pressions des roues d'arrière : cette différence diminue donc, ou bien les roues d'avant sont soulagées relativement aux roues d'arrière, lorsque q diminue ou que l'on élève le point d'attache. C'est, d'ailleurs, ce que l'on aperçoit aisément sans calcul. Pourtant il est bon de remarquer que, la quantité q étant toujours plus petite que R et produisant par cela même un accroissement de pression sur les roues d'arrière proportionnel à Q ou à la charge remorquée, il paraîtrait à cet égard préférable, lorsque l'on ne veut accoupler que deux paires de roues, d'accoupler celles d'arrière plutôt que celles d'avant.

Dans ces divers cas, il est visible qu'on se réserverait un moyen d'augmenter l'adhérence dans des circonstances assez graves, comme celles où, fortuitement, un fort courant d'air opposé au sens du mouvement ou une grande humidité des rails empêcheraient un train d'avancer, en disposant le mode d'attelage de manière à faire varier à volonté la hauteur du point d'attache de la barre (*).

50. Enfin l'équation (97) peut servir à déterminer la position du centre de gravité d'une locomotive équilibrée. En supposant cette machine placée sur une bascule, on aura la mesure des forces H ; et l'équation (97), en y faisant Q et Q′ nuls, ainsi que la pente g', puis la vitesse et sa première dérivée, donnera

$$(H + H_{,})l + (H' + H'_{,})l' + (H'' + H''_{,})l'' = g\, \Gamma_{,}\, \Sigma M + 2gk \sin\varphi \sin\theta' \cos\left(\alpha + \theta + \theta' - \frac{\pi}{4}\right).$$

Or il est évident que le deuxième membre de cette équation est égal au moment du poids total $g\Sigma M$ de la locomotive autour de l'axe des y. La quantité $\Gamma_{,}$, dans laquelle on a fait $g' = o$, peut donc être considérée comme l'abscisse moyenne du centre de gravité de la locomotive : l'abscisse variable du centre de gravité s'obtiendrait donc en ajoutant à $\Gamma_{,}$ la quantité

$$\frac{2k}{\Sigma M} \sin\varphi \sin\theta' \cos\left(\alpha + \theta + \theta' - \frac{\pi}{4}\right),$$

(*) Nous avons admis dans nos équations que la force Q était horizontale. Les conséquences que nous venons de présenter ne sont rigoureuses que dans cette hypothèse ; il serait donc convenable d'examiner les limites de l'obliquité que l'on pourrait admettre sans inconvénients dans la pratique ; mais cette discussion ne peut trouver place dans ce mémoire.

qui serait nulle dans les machines équilibrées suivant les règles de M. Lechatelier, attendu qu'elles rentrent dans nos formules (74) lorsqu'on y fait $\theta' = o$.

On parviendra à cette expression d'une autre manière, en observant que $\Sigma M x$ a pour facteur $q \cos g'$ dans l'équation (20) désignée depuis par (y), et recherchant l'ensemble des termes en $q \cos g'$ dans l'équation (y) du nᵒ 20, à l'aide des équations (49 *bis*).

Si l'on se propose de déterminer le mouvement du centre de gravité perpendiculairement au plan de la voie, on observera que son ordonnée est $\dfrac{\Sigma M z}{\Sigma M}$; or, d'après l'équation (20), qui est désignée plus loin par (y), la quantité $\Sigma M z$ est le facteur de $\left(\dfrac{dv}{dt} - q \sin g' \right)$ dans ces équations. Il vient donc d'après les équations (y), nᵒ 20, et (49 *bis*),

$$\Sigma M z = + 2 \left[M_f N_f + \Sigma M^v N^v \right] - 2 \left(M'' a + A_2 k \cos \varphi \right) \sin \theta - C' \cos(\alpha + \theta'),$$

ou, en vertu de (84) et (85),

$$\frac{\Sigma M z}{\Sigma M} = 2 \frac{M_f N_f + \Sigma M^v N^v}{\Sigma M} - 2 \frac{M'' a + A_2 k \cos \varphi}{\Sigma M} \sin \theta$$
$$- \frac{2k}{\Sigma M} \sin \varphi \cos \theta' \cos \left(\alpha + \theta + \theta' - \frac{\pi}{4} \right).$$

Les deux premiers termes du 2ᵉ membre de cette équation donnent l'ordonnée moyenne du centre de gravité, et le 3ᵉ est la valeur qu'il faut joindre à cette ordonnée moyenne pour avoir l'ordonnée vraie de ce même point. En faisant $\theta' = o$, on aura pour amplitude de l'excursion du centre de gravité perpendiculairement au plan de la voie, dans les machines équilibrées suivant les règles de M. Lechatelier, le double de la quantité

$$\frac{2k}{\Sigma M} \sin \varphi.$$

Soient z_6, x_6, les coordonnées du centre de gravité rap-

portées à des axes passant par sa position moyenne : on aura,
aux quantités près du 4e ordre,

$$\left.\begin{aligned}
z_c &= -\frac{2k}{\Sigma M}\sin\varphi\cos\theta'\cos\left(\alpha+\theta+\theta'-\frac{\pi}{4}\right)\\
x_c &= +\frac{2k}{\Sigma M}\sin\varphi\sin\theta'\cos\left(\alpha+\theta+\theta'-\frac{\pi}{4}\right)
\end{aligned}\right\}(101)$$

d'où par division,

$$\frac{z_c}{x_c} = -\cot\theta' ;$$

équation qui est celle d'une ligne droite.

On voit donc que, dans les machines équilibrées conformément aux équations (74), le centre de gravité décrit, dans son
mouvement relatif, une ligne droite qui fait avec l'axe des x un
angle égal à $\frac{\pi}{2}+\theta'$, mesuré dans le sens du mouvement de la
manivelle motrice ; et que les systèmes de contrepoids carac-
térisés par des valeurs égales et de signes contraires de θ' donnent lieu à deux trajectoires rectilignes du centre de gravité, qui
sont symétriques par rapport à une droite parallèle à l'axe des
x et passant par la position moyenne de ce centre de gravité.
Les équations (101) montrent d'ailleurs que cette ligne se réduirait à un point ; et que, par suite, le centre de gravité n'aurait aucun mouvement relatif, si la quantité k pouvait être
rendue nulle.

Notons que ces résultats, obtenus en négligeant les quantités du 4e ordre, deviendront rigoureux dans le cas où la
somme des angles θ et θ' serait égale à un multiple impair de
l'angle droit ; la trajectoire du centre de gravité serait alors parallèle aux axes des cylindres. Ce qui vient d'être dit précise
nettement la signification mécanique de l'indéterminée θ'.

51. Les équations (99) et (100), qui donnent les valeurs
séparées des sommes des réactions normales pour les roues situées d'un côté et de l'autre du plan méridien, seront utilement employées pour déterminer une limite inférieure des

réactions normales H auxquelles une roue en particulier soit exposée dans une machine équilibrée. En effet, cette moindre valeur sera égale à la moyenne des valeurs maximum des trois quantités H, H', H'', pour un côté, et H,, H',, H'',, pour l'autre côté. Cette moyenne se composera, dans les deux cas, du sixième de la composante normale du poids de la machine, augmenté, si l'on n'a égard qu'aux termes principaux, de la quantité

$$\frac{1}{3} k \sin\varphi \, \frac{\cos\vartheta'}{\sin\vartheta} \frac{d\alpha^2}{dt^2} \quad (*)$$

dans laquelle nous supposons k positif, d'après la construction actuelle des locomotives ; et le rapport $\dfrac{\cos\vartheta'}{\sin\vartheta}$ également positif. (Cette hypothèse est toujours possible, puisque, l'angle ϑ n'étant donné que par sa tangente (98), on pourra le prendre tel que son sinus ait le signe de $\cos\vartheta'$.)

Observons toutefois que ces valeurs maximum n'ont pas lieu simultanément : du côté des y positifs, le maximum a lieu pour la valeur de α, qui satisfait à la relation

$$\alpha + \theta + \theta' + \upsilon - \frac{\pi}{4} = -\frac{\pi}{2} ;$$

du côté des y négatifs le maximum a lieu lorsque l'on a

$$\alpha + \theta + \theta' - \upsilon - \frac{\pi}{4} = +\frac{\pi}{2}.$$

On peut se proposer de rechercher quels sont les points des

(*) Si l'on calcule la valeur de cette expression au moyen des données du n° 24, complétées par les suivantes $r = 0^m,28$, $B = 1^m,375$, $A = 0^m,944$, $E = 0^m,75$, $\vartheta' = 0$, et que l'on désigne par n le nombre de tours par seconde, on trouvera

$$\frac{1}{3} k \sin\varphi \, \frac{\cos\vartheta'}{\sin\vartheta} \frac{d\alpha^2}{dt^2} = 61,7.n^2 \text{ kil.,}$$

ce qui donne 987 kil. pour 4 tours par seconde : ainsi, la moindre variation de charge à laquelle l'une des roues se trouve exposée à chaque tour s'élève à près de 1000 kilogrammes. Tel est le résultat auquel conduit l'emploi des règles de M. Lechatelier.

circonférences des roues en contact avec les rails aux instants où la somme des réactions normales est un maximum. Soient, pour le côté des y positifs, ϖ l'angle du rayon passant par le point de contact avec la manivelle motrice, mesuré dans le sens de α; et pour le côté des y négatifs, ϖ_{i} l'angle correspondant au point de contact, mesuré à partir de la manivelle située de ce côté et dans le même sens que α. On aura, dans le premier cas,

$$\alpha - \theta + \varpi = \frac{\pi}{2},$$

et dans le second

$$\alpha - \theta + \varpi_{i} = 0.$$

De ces équations, jointes aux précédentes, on tire

$$\left.\begin{aligned}
\varpi &= 2\theta + \theta' + \upsilon + 3\frac{\pi}{4}, \\
\varpi_{i} &= 2\theta + \theta' - \upsilon - 3\frac{\pi}{4},
\end{aligned}\right\} \quad (102)$$

(υ étant pris de manière que son sinus ait le signe de $\cos\theta'$).

Il paraît assez admissible que dans les machines munies de contrepoids calculés pour faire disparaître les tendances au mouvement de *galop*, les points où se produiraient les pressions maximum seraient sensiblement placés de la même manière, par rapport aux manivelles, pour les trois roues situées d'un même côté. On peut présumer aussi que, dans les machines où la tendance au mouvement de *galop* n'est pas détruite par des contrepoids convenablement calculés, les roues du milieu doivent à peu près échapper aux effets de cette tendance. S'il en était réellement ainsi, l'application des équations (102) aux roues du milieu faciliterait l'étude de l'influence des réactions normales au plan de la voie relativement à l'usé local des bandages des roues motrices. En effet, lorsque les contrepoids sont calculés en attribuant à θ' la valeur zéro, il ne subsiste de tendances aux glissements dans le sens de la voie et dans le sens transversal que celles qui proviennent des variations de vitesse, et d'autres qui sont représentées par des termes du deuxième ordre dans l'équation (z) relative au mouvement de *lacet*. Or la variation de vitesse provenant du mode de distribution de la vapeur est une quantité périodique : en un tour de roue elle présente deux maximum et deux minimum ; il en est de même des termes de deuxième ordre. Si donc l'usé local des bandages pouvait être attribué à ces deux causes, il devrait se manifester par quatre plats sur la circonférence des roues motrices, qui se confondraient en deux si les maxima des deux actions que nous considérons coïncidaient : dans ce cas, les deux plats seraient situés aux extrémités d'un même diamètre et différeraient peu de profondeur, la matière de la roue étant d'ailleurs supposée homogène. Mais il paraît que le plus souvent il ne se produit qu'un seul plat assez profond sur chaque roue. On est donc conduit à attribuer cette dégradation à d'autres causes que les variations de vitesse ou aux termes de deuxième ordre dans les machines dont il s'agit.

Si, au contraire, on doit les attribuer aux variations des réactions normales H, la situation des plats ou flaches devra coïncider à peu près avec les points des circonférences des roues motrices du milieu, que déterminent les valeurs de ϖ et ϖ_1 (102) (*). Nous livrons cet aperçu à l'appréciation des ingénieurs de chemins de fer, et particulièrement des ingénieurs du chemin du Nord, qui ont entrepris de relever avec soin

---

(*) L'application des formules (102) aux machines équilibrées d'après les règles de M. Lechatelier exige une précaution particulière. Nous avons dit que nos équations (74) coïncident avec les règles de M. Lechatelier dans le cas des cylindres horizontaux lorsqu'on y fait $\theta' = 0$ ou π. Mais comme cet ingénieur n'a point indiqué les règles à suivre dans le cas des cylindres inclinés, il est possible que l'on ait déterminé les contrepoids dans tous les cas comme s'il s'agissait de cylindres horizontaux. Dans cette hypothèse, il faudra faire $\theta' = 0$ ou $\pi = 0$, en choisissant celle de ces deux valeurs qui rend $\cos\theta'$ positif, afin que ε puisse toujours être un angle aigu positif. En effet, les formules de M. Lechatelier reviennent à nos équations (74), dans lesquelles on supprimerait les termes en h'. Or cette suppression équivaut à $h + \theta' = 0$ ou π. Il faudrait donc alors remplacer les valeurs de ϖ et ϖ_1, par

les profils des roues de leurs locomotives, lorsqu'elles rentrent dans les ateliers après un service prolongé.

PROPOSITION SUBSIDIAIRE DEVANT SERVIR A RÉGLER LA DISTRIBUTION DES CONTREPOIDS ET LE MODE D'ACCOUPLEMENT DES ROUES MOTRICES DANS LES CAS INDÉTERMINÉS.

52. Les équations (93), qui sont au nombre de deux seulement, contiennent encore les quatre inconnues $\mu'\rho'\sin\varepsilon'$, $\mu'\rho'\cos\varepsilon'$; $\mu''\rho''\sin\varepsilon''$, $\mu''\rho''\cos\varepsilon''$. Une considération fort importante dans la pratique nous fournira un moyen de lever l'indétermination. — Les masses des contrepoids peuvent devenir assez considérables pour que l'on ait de la peine à les loger dans les intervalles compris entre les rayons des roues. Il convient donc de faire en sorte que la somme des masses soit aussi petite que possible. Pour ne pas accumuler les difficultés analytiques, nous substituerons à cette condition celle du minimum de la somme des quantités $\mu\rho$, $\mu'\rho'$, etc. Les 2e et 4e équations (88) vont nous faire connaître les circonstances favorables à ce résultat. En les ajoutant, et ayant égard aux équations (92), il vient

$$\mu\rho\cos\varepsilon + \mu\rho_{,}\cos\varepsilon_{,} + 2\Sigma\mu'\rho'\cos\varepsilon' = -\left(U + \frac{V}{\lambda}\right) + 2k'\cos\Theta\sin^2(\vartheta+\vartheta'),$$

---

les suivantes, qui supposent les cylindres placés à l'avant,

$$\varpi = \vartheta + \upsilon + 3\frac{\pi}{4},$$

$$\varpi_{,} = \vartheta - \upsilon - 3\frac{\pi}{4}.$$

Dans les machines où les cylindres sont à l'arrière, à cause que ϑ est voisin de 180°, en aurait, en faisant $\vartheta = \pi - \vartheta$,

$$\varpi = \vartheta + \upsilon - \frac{\pi}{4},$$

$$\varpi_{,} = \vartheta - \upsilon + \frac{\pi}{4}.$$

On peut remarquer que, ϑ' n'étant plus nul ou égal à π, les machines dont il s'agit conservent, à cause de l'inclinaison des cylindres, des tendances aux mouvements de *tangage* et de *lacet*.

ou, en vertu de la 2ᵉ équation (71),

$$\mu p \cos_1 + \mu_2 p_2 \cos_2 + 2\Sigma \mu' p' \cos'_1 = -\left(U + \frac{V}{\lambda}\right) + k\frac{r}{B}\left(1 + \frac{A}{\lambda}\right)\sin^2(\theta + \theta'). \quad (103)$$

Le premier membre de cette équation est la somme des produits de la forme $\mu p \cos_1$ étendue à l'ensemble des contrepoids. Nous allons faire voir que la valeur de cette somme pourra généralement être considérée comme négative dans les machines actuelles où k est toujours positif.

Le second terme du 2ᵉ membre étant positif et le facteur $\sin^2(\theta + \theta') < 1$, il suffit d'établir que la fonction

$$-\left(U + \frac{V}{\lambda}\right) + k\frac{r}{B}\left(1 + \frac{A}{\lambda}\right)$$

peut être regardée comme généralement négative.

D'une part les équations (59) et (48) donnent

$$U + \frac{V}{\lambda} = (M'r + M''r)\left(1 + \frac{A}{\lambda}\right) + \Sigma \pm M''C'''\left(1 + \frac{A'''}{\lambda}\right),$$

D'un autre côté, on a par l'équation (49),

$$k\frac{r}{B}\left(1 + \frac{A}{\lambda}\right) = (M'r + M''r)\left(1 + \frac{A}{\lambda}\right) - M'r\frac{B'}{B}\left(1 + \frac{A}{\lambda}\right),$$

il s'ensuit

$$-\left(U + \frac{V}{\lambda}\right) + k\frac{r}{B}\left(1 + \frac{A}{\lambda}\right) = -M'r\frac{B'}{B}\left(1 + \frac{A}{\lambda}\right) - \Sigma \pm M''C'''\left(1 + \frac{A'''}{\lambda}\right). \quad (104)$$

Il est clair que cette expression sera négative toutes les fois que les quantités sous le signe Σ devront être prises avec le signe $+$; c'est ce qui a lieu pour les machines à cylindres extérieurs, où les rayons C''' sont toujours de même sens que les manivelles principales, et que l'on accouple plus particulièrement. Dans les machines à cylindres intérieurs, les manivelles et bielles d'accouplement sont disposées de manière que les rayons des cercles décrits par leurs centres de gravité soient de sens opposés aux rayons des manivelles motrices; il en résulte des termes négatifs sous le signe Σ, ou positifs dans l'expression (104); en sorte que l'on ne peut prévoir *à priori* si cette expression restera négative. Mais en observant que le terme relatif à la manivelle principale détruira, sous le signe Σ, une certaine partie des termes négatifs, et comparant les termes restants à la quantité

$$-\mathrm{M}'r\,\frac{\mathrm{B}'}{\mathrm{B}}\left(1+\frac{\Lambda}{\lambda}\right),$$

il nous paraît hors de doute que l'expression (104) ne reste négative. Au surplus, nous pourrions subordonner nos déductions à la vérification *à posteriori* du signe négatif de la somme des quantités $\mu\rho\cos\varepsilon$. Nous admettrons donc que, dans tous les cas possibles, cette somme, étendue à l'ensemble des contrepoids, est une quantité constamment négative.

Voici maintenant la conséquence à tirer de ce résultat : la somme des produits de la forme $\mu\rho\cos\varepsilon$ étant égale à une quantité négative donnée, tandis que les facteurs $\mu\rho,\dots$ sont essentiellement positifs, il suit que, pour rendre un minimum la somme des quantités $\mu\rho$, il faut faire en sorte, autant que possible, que tous les cosinus des angles ε soient négatifs et peu différents de la limite -1 ; puis, dans le cas où quelques uns des termes $\mu\rho\cos\varepsilon$ se trouveraient être inévitablement positifs, chercher à les rendre aussi petits que possible.

Le raisonnement qui précède ne pourrait pas être appliqué à la somme des quantités $\mu\rho\sin\varepsilon$, attendu que, d'après la 1re et la 3e équation (88), cette somme est égale à un produit dont l'un des facteurs $\sin 2(\delta+\delta')$ est de signe indéterminé.

A l'aide de la proposition que nous venons d'établir, il nous sera facile de discuter les circonstances que présente l'application des contrepoids aux machines locomotives ; mais, pour faciliter cette discussion et les applications que l'on pourra se proposer de faire dans la suite, il nous paraît indispensable de résumer les notations que nous avons employées dans la théorie des contrepoids et les diverses équations qui ressortent finalement de cette théorie.

RÉSUMÉ

DES

FORMULES GÉNÉRALES

RELATIVES A L'ÉTABLISSEMENT DES CONTREPOIDS.

—

Notations.

55. *Sens des abscisses positives, et origine des coordonnées.* — Pour fixer les idées, concevons que la locomotive s'avance dans un sens déterminé, mais cependant entièrement arbitraire. Les abscisses positives seront comptées dans le sens du mouvement de translation et à partir du milieu de la droite qui joint les centres des cercles décrits par les extrémités des bielles motrices. Dans toutes les machines, excepté celles employées au chemin du Nord, dont il a été question plusieurs fois, cette origine des coordonnées coïncidera avec le milieu de l'axe de l'essieu moteur principal.

Sens de l'inclinaison des axes des cylindres. — L'inclinaison est l'angle formé par l'axe des abscisses avec l'axe du piston, mesuré dans le sens des abscisses positives aux abscisses négatives, en passant par le zénith ; en sorte que cette inclinaison sera de 180° pour les cylindres horizontaux placés à l'arrière [voir fig. (1) et (2)].

i désigne l'inclinaison ainsi définie.

Manivelle principale.

r rayon de la manivelle principale.

Bielle.

M' masse de la bielle ;

B longueur de la bielle ou distance des axes du bouton de la manivelle et de la tête du piston ;

B' distance du centre de gravité de la bielle à l'axe commun de la tête du piston et de la bielle, comptée de cet axe vers le bouton de la manivelle ;

B'' distance du centre de percussion relatif à l'axe commun de la tête du piston et de la bielle, ou longueur du pendule

simple qui accomplit ses très petites oscillations autour de
cet axe dans le même temps que la bielle ;

T durée des petites oscillations de la bielle autour de l'axe
de la tête du piston.

Piston.

M'' masse du piston ;

A distance de l'axe du piston au plan méridien , ou demi-
écartement des axes des cylindres.

*Manivelles , principale ou d'accouplement ; boutons de manivelle ;
bielles d'accouplement.* — Ces pièces sont supposées symétriques par rapport au plan parallèle au plan méridien qui passe
par leur centre de gravité ; s'il en était autrement , il faudrait les décomposer en parties distinctes qui satisfassent à
cette condition :

M''' masse de l'une quelconque de ces pièces ou parties
distinctes d'une même pièce ;

C''' rayon du cercle décrit par son centre de gravité ;

L''' abscisse du centre de ce cercle ;

A''' distance du centre de gravité au plan méridien.

Contrepoids des roues motrices principales.

Notations communes aux deux roues :

μ masse d'un contrepoids ;

l abscisse de l'axe de l'essieu moteur principal , quantité qui
sera nulle dans toutes les machines, excepté celles du chemin du Nord rappelées plus haut ;

λ distance du plan du centre de gravité des contrepoids au
plan méridien , valeur commune aux contrepoids portés
sur toutes les roues.

Notations particulières :

1°. Contrepoids de la roue située du côté de la manivelle
est le moins avancée dans le sens du mouvement de rotation ;

ρ distance du centre de gravité du contrepoids à l'axe de
l'essieu ;

ϵ angle du rayon qui aboutit à ce centre de gravité , avec le
rayon de la manivelle principale située du même côté,

mesuré dans le sens du mouvement de rotation;

2°. Contrepoids de la roue située du côté de la manivelle qui est le plus avancée dans le sens du mouvement de rotation;

ρ, rayon aboutissant au centre de gravité du contrepoids;

ι, angle de ce rayon avec la manivelle située du même côté.

Contrepoids des roues portées par l'un des deux autres essieux.

Notations communes aux deux contrepoids :

μ' masse du contrepoids ;

ρ' rayon ;

ι' angle de ρ' avec la manivelle située du même côté ;

l' abscisse de l'essieu.

Contrepoids de l'autre paire de roues. — Mêmes notations que les précédentes, avec deux accents au lieu d'un seul.

Indéterminée θ'.

θ' angle qui jouit de la propriété de faire disparaître les tendances aux mouvements de *tangage* et de *lacet*, lorsqu'on lui donne la valeur o ou $\pm \pi$, et de détruire les tendances aux *oscillations normales* au plan de la voie et au mouvement de *roulis* quand on le fait égal à $\pm \dfrac{\pi}{2}$.

En négligeant les termes du 4° ordre, on trouve que le mouvement relatif du centre de gravité d'une locomotive munie de contrepoids calculés suivant nos formules est rectiligne. L'angle θ' se trouve être l'angle que fait la trajectoire rectiligne de ce centre de gravité avec le côté inférieur de la perpendiculaire au plan de la voie, mesuré de ce côté vers l'arrière.

Deux systèmes de contrepoids calculés avec des valeurs égales et de signes contraires de θ' présentent le même degré de stabilité ; il n'y a de différence entre eux que les positions du système pour lesquelles des actions pertubatrices de même intensité se développent.

A défaut d'expériences qui fixent la valeur la plus convenable de cette indéterminée dans chaque cas donné, il paraîtrait préférable de lui attribuer une valeur entre $\pm 30°$ et $\pm 45°$, plutôt que de la prendre égale à zéro. Cet angle serait indifférent si l'on pouvait rendre nulle la quantité k ci-dessous.

Valeurs auxiliaires.

π rapport de la circonférence au diamètre, ou 180 degrés sexagésimaux sous les signes sin et cos;

g accélération produite par la pesanteur par unité de temps;

$$\sin\varphi = \frac{r}{B\sqrt{2}}, \tag{a}$$

l'angle φ doit être pris entre zéro et $+\dfrac{\pi}{2}$, c'est l'angle aigu de la bielle et de l'axe du piston, pour un angle de la manivelle avec cet axe, égal à $\dfrac{\pi}{4}$ ou $3\dfrac{\pi}{4}$; dans le cas de $\dfrac{r}{B}=\dfrac{1}{5}$, on a $\varphi=8°7'48''$, $\log\sin\varphi=9,150515$.

$$\tan\Theta = \frac{\lambda-A}{\lambda+A}, \tag{b}$$

l'ambiguité de l'angle Θ est indifférente.

$$k = M'(B-B')+M''B, \tag{c}$$

$$k' = k\,\frac{\sin\varphi}{\sin\left(\Theta+\dfrac{\pi}{4}\right)}, \tag{d}$$

$$\left.\begin{aligned}
U &= M'r+M''r+\Sigma\pm M'''C''',\\
V &= (M'r+M''r)A+\Sigma\pm M'''C'''A'''.
\end{aligned}\right\} \tag{e}$$

Dans ces deux formules et l'une des suivantes, les sommes Σ s'étendent à toutes les masses M''' situées d'un côté seulement du plan méridien, et les signes $+$ ou $-$ doivent être employés suivant que le rayon C''' est de même sens que le rayon r de la manivelle située du même côté, ou de sens opposé.

$$\left.\begin{aligned}
B'' &= g\left(\frac{T}{\pi}\right)^{2},\\
w_0 &= M'r\,\frac{B'}{B}\,\frac{B_0}{\cos\varphi}\,(B''-B).
\end{aligned}\right\} \tag{f}$$

La quantité $\dfrac{B_0}{\cos\varphi}$ peut être remplacée par sa valeur très approchée $\dfrac{1}{\sqrt{\cos\varphi}}$; dans le cas où $\dfrac{r}{B}=\dfrac{1}{5}$, on a $\dfrac{B_0}{\cos\varphi}=1,005077$.

$$w_1 = \Sigma\pm M'''C'''L'''. \tag{g}$$

Formules générales.

Les formules suivantes, qui sont relatives au mouvement de *galop*, suffiront au calcul des contrepoids de masses μ' dans le cas de quatre roues couplées seulement; autrement il faudra joindre deux relations arbitraires à ces équations :

$$\left.\begin{aligned}
\mu'\rho'(l'-l)\sin\varepsilon' + \mu''\rho''(l''-l)\sin\varepsilon'' &= \omega_a\sin\theta + l.k\,\frac{r}{B}\sin(\theta+\theta')\cos(\theta+\theta')\\[2mm]
\mu'\rho'(l'-l)\cos\varepsilon' + \mu''\rho''(l''-l)\cos\varepsilon'' &= \omega_a\cos\theta - \omega_1 + l\left(U - k\,\frac{r}{B}\sin^2(\theta+\theta')\right)
\end{aligned}\right\}\,(h)$$

Nous avons dit que le plus généralement l sera nul, ce qui apportera des simplifications.

Les éléments des deux contrepoids des roues motrices principales s'obtiendront ensuite par les formules

$$\left.\begin{aligned}
\mu\rho\sin\varepsilon &= -(\mu'\rho'\sin\varepsilon' + \mu''\rho''\sin\varepsilon'') - \frac{1}{2}\left(U - \frac{V}{\lambda}\right) - k'\sin(\theta+\theta')\cos(\theta+\theta'+\omega)\\[2mm]
\mu\rho\cos\varepsilon &= -(\mu'\rho'\cos\varepsilon' + \mu''\rho''\cos\varepsilon'') - \frac{1}{2}\left(U + \frac{V}{\lambda}\right) + k'\sin(\theta+\theta')\sin(\theta+\theta'+\omega)
\end{aligned}\right\}\,(i)$$

$$\left.\begin{aligned}
\mu\rho_1\sin\varepsilon_1 &= -(\mu'\rho'\sin\varepsilon' + \mu''\rho''\sin\varepsilon'') + \frac{1}{2}\left(U - \frac{V}{\lambda}\right) - k'\sin(\theta+\theta')\cos(\theta+\theta'-\omega)\\[2mm]
\mu\rho_1\cos\varepsilon_1 &= -(\mu'\rho'\cos\varepsilon' + \mu''\rho''\cos\varepsilon'') - \frac{1}{2}\left(U + \frac{V}{\lambda}\right) + k'\sin(\theta+\theta')\sin(\theta+\theta'-\omega)
\end{aligned}\right\}\,(j)$$

et les calculs pourront être vérifiés par les relations

$$\left.\begin{aligned}
\mu\rho\sin\varepsilon + \mu\rho_1\sin\varepsilon_1 &= -k'\sin 2(\theta+\theta')\cos\omega - 2(\mu'\rho'\sin\varepsilon' + \mu''\rho''\sin\varepsilon'')\\[2mm]
\mu\rho\cos\varepsilon - \mu\rho_1\cos\varepsilon_1 &= -k'\sin 2(\theta+\theta')\sin\omega.
\end{aligned}\right\}\,(k)$$

Disons un mot de la résolution des équations (h), (i), (j). Si le nombre des roues accouplées était de quatre seulement, l'une des quantités μ'' ou μ' serait nulle, et en divisant les équations (h) par $l'-l$ ou $l''-l$, les premiers membres prendraient la forme de ceux des équations (i) ou (j). Dans le cas où les six roues seront accouplées, on pourra toujours en pratique disposer de deux relations arbitraires pour ramener les premiers membres des équations (h) à cette forme. La résolution des équations (i) s'effectuera en divisant la première par la seconde, ce qui donnera la valeur de tang ε; d'où l'angle ε lui-même, avec une ambiguïté que l'on fera disparaître par la considération que, $\mu\rho$ étant essentiellement positif, ε devra être pris de manière que son sinus et son cosinus aient respectivement les signes des seconds membres des équations (i). L'une ou l'autre de ces équations donnera ensuite $\mu\rho$ en divisant par sin ε ou cos ε. Les équations (j) feront connaître de même $\varepsilon_{,}$ et $\mu_{,}\rho_{,}$. Quant aux valeurs séparées de μ, ρ et $\rho_{,}$, elles se déduiront de la considération de l'espace disponible entre les rayons des roues ; toutefois, en ce qui concerne les roues motrices principales, il ne suffira pas que les produits $\mu\rho$ et $\mu_{,}\rho_{,}$ satisfassent aux équations précédentes, il faudra encore disposer des distances ρ et $\rho_{,}$ de manière que les valeurs de μ soient égales (*).

Enfin, nous ferons remarquer que, B'^2 tenant lieu du moment d'inertie de la bielle, les équations précédentes sont homogènes par rapport aux masses, et que dès lors on y peut remplacer les masses par les poids ; on peut également y remplacer les distances A, A''' et λ, au plan méridien, par le double de ces quantités ou les distances qui séparent les plans qui contiennent les centres de gravité des organes correspondants dans les deux machines dont se compose la locomotive.

(*) Si l'on ne suppose pas les masses μ des contrepoids appartenant à un même essieu assujetties à être égales, l'une étant μ, l'autre $\mu_{,}$, on trouve que $\Sigma m y'$ étendu à toutes les masses de la locomotive n'est plus nul, et le deuxième membre de l'équation (18) devrait alors être augmenté de $\left(g \sin g' - \dfrac{dv}{dt}\right) \Sigma m y'$, ou, en ayant égard aux notations du tableau du n° 15, de $\left(g \sin g' - \dfrac{dv}{dt}\right) (\mu - \mu_{,})\lambda$, quantité variable avec $\dfrac{dv}{dt}$, mais très petite.

Le deuxième terme de l'équation (19) devrait, par la même raison, être augmenté de $- g \cos g' (\mu - \mu_{,})\lambda$, quantité constante.

Donc, en négligeant les variations de $\dfrac{dv}{dt}(\mu - \mu_{,})\lambda$ dans le mouvement de lacet, et se rappelant que $\mu_{,}\rho_{,}$ entre dans toutes nos équations comme une quantité unique, on pourra écrire $\mu_{,}\rho_{,}$ à la place de $\mu\rho_{,}$, et disposer arbitrairement du rapport de μ et de $\mu_{,}$ pour faciliter l'application des contrepoids.

Si μ et $\mu_{,}$ sont inégaux, le mouvement du centre de gravité général, au lieu de se faire dans le plan méridien, aura lieu dans un plan parallèle à celui-ci et sera le même du reste.

DÉTERMINATION DES CONTREPOIDS DANS LES DIFFÉRENTS SYSTÈMES DE MACHINES LOCOMOTIVES.

34. Nous laisserons de côté dans ces applications les machines due chemin de fer du Nord, où l est différent de zéro. Pour les autres machines, les termes en l disparaîtront des seconds membres des équations (h), et les abscisses seront comptées de l'axe de l'essieu moteur principal. A l'aide des données particulières à chaque machine, on pourra dans tous les cas effectuer le calcul des quantités *auxiliaires* du n° précédent à l'aide des mêmes équations (a), (b)..., (f), (g).

La résolution des équations (h) fera le principal objet de la discussion. L'emploi des équations (i) et (j) nécessitera l'adoption d'une valeur de l'indéterminé θ'; or, avons-nous dit, l'expérience seule peut prononcer à l'égard du choix de cette quantité. Cependant, lorsqu'on entreprendra d'expérimenter, il sera nécessaire de faire l'application de nos formules : nous procéderons donc comme si θ' était une quantité donnée.

Machines à six roues accouplées.

Machines dont les cylindres sont à l'arrière. La quantité w_0 est généralement négative avec la forme que l'on donne actuellement aux bielles des machines locomotives, et la valeur absolue de cette fonction est d'autant plus petite (2° équation (f)) que la masse de la bielle est plus accumulée autour du bouton de la manivelle. D'après nos conventions relatives à l'inclinaison, θ est peu différent de 180°, ce qui rend $\cos\theta$ négatif, et par suite positif le produit $w_0\cos\theta$, avec la forme ordinaire des bielles. Les machines dont il s'agit étant à cylindres extérieurs, les rayons C''' sont de même sens que le rayon de la manivelle principale ; les abscisses L''' sont d'ailleurs toutes positives : il s'ensuit que la fonction w_1 est nécessairement positive. Le signe de la quantité $w_0\cos\theta - w_1$ ne saurait donc être généralement prévu que dans le cas où la forme de la bielle satisferait à la condition $w_1 = 0$.

Il se présente un cas remarquable, c'est celui où les cylindres étant horizontaux, on pourra disposer des masses des manivelles et des bielles d'accouplement de manière que l'on ait $w_2 = -w_1$. Dans ce cas, on aura la faculté de ne point appliquer de contrepoids aux quatre roues de devant, car, l étant nul, les équations (h) seront satisfaites en y faisant $\mu' = o$, $\mu'' = o$. On y pourrait satisfaire d'autres manières ; mais le 2e membre de la 2e équation (h) étant nul, et les facteurs de $\cos\varepsilon'$ et $\cos\varepsilon''$ étant positifs dans les premiers membres, il faudrait que l'un de ces cosinus fût positif, ce qui est défavorable à la réduction de la somme des quantités $\mu\rho$, d'après notre énoncé du n° 32.

1e Soit
$$w_2\cos\theta - w_1 > 0.$$

On pourrait joindre aux deux équations (h) des conditions telles que celles-ci :

$$\mu'\rho'\sin\varepsilon' = \mu''\rho''\sin\varepsilon'', \qquad \mu'\rho'\cos\varepsilon' = \mu''\rho''\cos\varepsilon''; \qquad (105)$$

et les équations (h) deviendraient

$$\left.\begin{aligned}(l'+l'')\mu'\rho'\sin\varepsilon' &= w_2\sin\theta, \\ (l'+l'')\mu'\rho'\cos\varepsilon' &= w_2\cos\theta - w_1.\end{aligned}\right\} \quad (106)$$

Les contrepoids des 4 roues autres que les roues motrices principales seraient identiques. Les abscisses l' et l'' étant positives, ainsi que le 2e membre de la 2e équation, il s'ensuit que $\cos\varepsilon'$ sera positif, circonstance défavorable à la diminution de la somme des quantités $\mu\rho$. L'angle θ étant voisin de deux droits, $\sin\varepsilon'$ sera très petit, et $\cos\varepsilon'$ voisin de l'unité : d'où il suit que la somme des quatre quantités $\mu'\rho'$ serait sensiblement égale à

$$\frac{4}{l'+l''}(w_2\cos\theta - w_1).$$

Mais on réduira la somme des masses des contrepoids si l'on supprime ceux des roues du milieu, se bornant à en adapter aux roues de devant et d'arrière. Supposons que l'', $\mu''\rho''$ et ε'' se rapportent aux roues d'avant ; en faisant $\mu' = o$ il viendra :

$$\left.\begin{aligned}l''\mu''\rho''\sin\varepsilon'' &= w_2\sin\theta, \\ l''\mu''\rho''\cos\varepsilon'' &= w_2\cos\theta - w_1.\end{aligned}\right\} \quad (107)$$

et la somme des deux quantités $\mu''\rho''$ sera sensiblement

$$\frac{2}{p'}\,(w_a\cos\theta - w_b),$$

quantité moindre que la précédente à cause de $l' < l''$.

Il conviendra donc dans ce cas de ne point adapter de contrepoids aux roues du milieu, et de calculer ceux des roues d'avant par les formules (107).

Les contrepoids des roues d'arrière se calculeront ensuite par les formules (i) et (j) en y faisant $\mu' = 0$.

2° Soit $\qquad\qquad w_a\cos\theta - w_b < 0.$

(Cette circonstance aurait lieu nécessairement si l'on prolongeait la bielle de manière à avoir $w_b = 0$.)

Le 2° membre de la 2° équation (h) étant négatif, les deux cosinus pourront être négatifs ; et, si l'on veut profiter de cette circonstance pour diminuer la masse des contrepoids des roues d'arrière, il y aura avantage à conserver des contrepoids aux roues du milieu, et simplicité à employer les équations (105) et (106). Les contrepoids des roues d'arrière dépendront des équations (i) et (j), dans lesquelles on remplacera

$$\mu'\rho'\frac{\sin}{\cos}z' + \mu''\rho''\frac{\sin}{\cos}z'' \quad \text{par} \quad 2\mu'\rho'\frac{\sin}{\cos}z.$$

3° Soit $\qquad\qquad w_a\cos\theta - w_b = 0.$

En faisant les deux hypothèses qui conduisent aux équations (106) et (107), on voit que les angles z' et z'' seraient égaux à $\pm\frac{\pi}{2}$, et que les contrepoids ainsi déterminés n'auraient aucune influence sur la somme des quantités $\mu\rho\cos z$ étendue à l'ensemble des contrepoids ; or il y a de l'avantage à réduire la somme $\mu'\rho' + \mu''\rho''$. On y parviendra en supprimant les contrepoids des roues du milieu et faisant usage des équations (107), puis achevant le calcul au moyen des équations (i) et (j), privées de leurs termes en μ'.

Roues motrices principales au milieu, cylindres à l'avant. —Dans l'état actuel des choses w_a est négatif ; mais ici $\cos\theta$ est positif, ce qui rend négatif le terme $w_2 \cos \theta$. Quant à w_1, les abscisses L''' relatives aux bielles d'accouplement, étant de signes contraires si l'on a affaire à deux bielles distinctes, donneront lieu à des termes qui se détruiront à peu près, et à un résultat voisin d'être nul s'il n'existe qu'une seule bielle équivalente; les termes relatifs aux manivelles donneront des résultats variables, suivant que les machines seront à cylindres intérieurs ou extérieurs, en sorte qu'on ne saurait fixer généralement le signe de $w_2 \cos \theta - w_1$.

1° Soit $$w_2 \cos \theta - w_1 > 0.$$

Les abscisses l' et l'' étant de signes contraires, et presque égales d'ailleurs, il est visible qu'il sera avantageux de supprimer les contrepoids des roues d'avant. En convenant que l', μ', p' et z', se rapportent aux roues d'arrière, il est évident que $\cos z'$ deviendra négatif, résultat important à obtenir. On aura donc pour calculer ces quantités :

$$\left. \begin{aligned} l'\mu'p' \sin z' &= w_2 \sin \theta, \\ l'\mu'p' \cos z' &= w_2 \cos \theta - w_1; \end{aligned} \right\} \quad (108)$$

et les contre-poids du milieu se tireront des équations (i) et (j), dans lesquelles on fera $\mu'' = 0$.

2° Soit $$w_2 \cos \theta - w_1 < 0.$$

On sera conduit dans ce cas à supprimer les contrepoids des roues d'arrière, et l'on se servira des équations (107) pour calculer les éléments des contrepoids des roues d'avant. Les équations (i) et (j), en y faisant $\mu' = 0$, feront connaître les contrepoids des roues motrices principales.

3° Soit $$w_2 \cos \theta - w_1 = 0.$$

Dans cette circonstance on peut à volonté choisir l'une ou l'autre des deux solutions précédentes, ce qui est évident ; les contre poids de masses μ ou μ'' seront d'ailleurs très faibles, à cause que $\sin \theta$ est une faible fraction.

Machines à quatre roues accouplées.

35. *Roues motrices principales à l'arrière.* — Il est clair qu'il ne peut être question que de l'accouplement avec les roues du milieu. Les quantités l', μ', ρ', $\imath'$, se rapportant à ces roues, les équations (h) deviendront

$$\left.\begin{aligned} l'\mu'\rho'\sin\imath' &= w_0\sin\theta, \\ l'\mu'\rho'\cos\imath' &= w_0\cos\theta - w_1, \end{aligned}\right\} (109)$$

et l'on en tirera $\imath'$ et $\mu'\rho'$. Ce mode d'accouplement ne sera avantageux, au point de vue de la réduction des masses des contrepoids, que si la fonction $w_0\cos\theta - w_1$ se trouve être négative; dans le cas contraire on serait obligé d'admettre une valeur positive de $\cos\imath'$, ce qui nécessiterait un accroissement des masses des contrepoids des roues motrices principales. Quoi qu'il en arrive, les équations (i) et (j), en y faisant $\mu'' = 0$, serviront à déterminer ces derniers.

Roues motrices principales au milieu. — Les abscisses l' et l'' sont de signes contraires : nous emploierons les accents ′ pour les roues d'arrière, et les accents ″ pour les roues d'avant.

1° *Accouplement à l'arrière.* — On fera usage des formules (108); et l'on observera que $\cos\imath'$ ne sera négatif qu'autant que l'on aura $w_0\cos\theta - w_1 > 0$; dans le cas contraire ce mode d'accouplement serait désavantageux.

2° *Accouplement à l'avant.* — On se servira des formules (107), qui ne donneront $\cos\imath''$ négatif, que si l'on a $w_0\cos\theta - w_1 < 0$.

Il s'ensuit qu'en l'absence de motifs étrangers qui conduisent à préférer l'un des deux modes d'accouplement à l'autre, il faudrait accoupler les roues à l'arrière ou à l'avant, suivant que la fonction correspondante $w_0\cos\theta - w_1$ est positive ou négative (*).

(*) Je profiterai de la circonstance pour justifier une assertion que j'ai émise devant la Société des ingénieurs civils. C'est que, si l'on ne se préoccupe

Les équations (i) et (j), en y supprimant les termes affectés de μ'' dans le premier cas, et de μ' dans le second, feront connaître les éléments des contrepoids des roues motrices principales.

Machines à roues indépendantes.

36. Dans ces machines, le seul terme que contienne la somme $\Sigma \pm M''' C''' L'''$ est relatif à la manivelle principale; mais ce terme est nul, attendu que l'abscisse correspondante L''' est égale à zéro : on a donc $w_{i} = 0$. Les masses μ' et μ'' étant nulles aussi, les équations (h) n'admettent d'autre solution que

$$w_{i} = 0, \tag{110}$$

laquelle se réduit en vertu de la 2ᵉ équation (f) à

$$B'' = B. \tag{111}$$

Nous avons déjà dit que cette condition ne peut être avantageusement remplie que par un prolongement de la bielle différent de celui qu'exigerait la condition $k = 0$, relative à la destruction simultanée des tendances aux mouvements de *tangage*, *lacet*, *oscillations normales* et *mouvement de roulis*. Il faut donc renoncer, dans les machines à roues indépendantes, à détruire les tendances au mouvement de *galop*, si l'on ne consent pas à prolonger la bielle de manière à satisfaire à l'équation (111), et, dans tous les cas, renoncer à faire disparaître simultanément les tendances aux divers mouvements qu'on peut redouter dans une machine locomotive. La facilité qu'offrent les machines

que du mouvement de *galop*, et que l'on suppose $l' = -l''$, et la variation de w_{i} à peu près insignifiante par rapport à $w_{i} \cos \theta$ lorsque l'on passe de l'un des modes d'accouplement à l'autre, il est indifférent d'accoupler à l'avant ou à l'arrière; mais que, dans cette inversion, les contrepoids des roues extrêmes doivent être disposés en sens contraires. Cela résulte en effet de la comparaison des équations (107) et 108), où, les seconds membres restant les mêmes, les coefficients l'' et l' des premiers deviennent égaux et de signes contraires et conduisent nécessairement aux relations $c'' - c' = \pm c$, $\mu'' \rho'' = \mu' \rho'$

à cylindres extérieurs de prolonger la bielle ne serait-elle pas une raison de les préférer aux machines à cylindres intérieurs ?

Le calcul des contrepoids s'effectuera au moyen des équations (i) et (j), privées des termes qui ont pour facteurs les masses μ' et μ''.

Machines employées au chemin du Nord.

37. Nous voulons parler des machines qui présentent cela de particulier, que le centre du cercle décrit par l'extrémité de la bielle ne se trouve pas sur l'axe des roues motrices principales.

On appliquera à ces machines le mode de discussion dont nous avons fait usage dans les n°s 34 et 35 ; seulement, l n'étant pas nul, on pourra considérer comme essieu moteur principal celui qui est le plus voisin de la droite qui joint les centres des cercles décrits par les extrémités des bielles, et prendre l pour l'abscisse de cet essieu. Il faudra donc, dans la discussion et les applications, conserver les derniers termes des seconds membres des équations (h). A cela près, le calcul des contrepoids s'effectuera, pour ces machines, de la même manière que pour les machines étudiées plus haut qui présentent le même mode d'accouplement.

BASES D'UN PROJET RATIONNEL D'EXPÉRIENCES A ENTREPRENDRE POUR RÉSOUDRE LES QUESTIONS ACTUELLEMENT INACCESSIBLES A L'ANALYSE MATHÉMATIQUE DANS LA THÉORIE DE LA STABILITÉ DES MACHINES LOCOMOTIVES EN MOUVEMENT.

38. Les expériences que nous proposerons aux ingénieurs ont leur point de départ dans la théorie exposée dans ce mémoire. Il se pourrait cependant que l'on trouvât utile de vérifier expérimentalement l'exactitude de la théorie elle-même. Nous commencerons donc par dire quelques mots des procédés à employer pour effectuer cette vérification. Une opinion très

généralement répandue consiste en ce que les résultats obtenus au moyen d'expériences faites en petit ne prouvent rien lorsqu'il s'agit des applications en grand. La question qui nous occupe offre un exemple où, au contraire, une expérience en petit peut être rendue plus démonstrative qu'une expérience en grand. Les expériences faites jusqu'ici sur la stabilité des locomotives ont consisté à suspendre une telle machine munie successivement de divers systèmes de contrepoids et à mettre en mouvement l'appareil moteur; puis on constatait plus ou moins imparfaitement les oscillations du bâtis de la machine. Or il est clair que les effets provenant du mouvement de l'appareil moteur devaient être d'autant moins sensibles que la masse entière de la locomotive était plus considérable par rapport aux masses des pièces mobiles, et que ces effets se seraient trouvés considérablement augmentés s'il avait été possible de réduire la masse des pièces fixes au seul bâtis de la locomotive. Ce mode d'expérimenter, impraticable avec une locomotive, peut au contraire s'appliquer avec la plus grande facilité à un petit modèle. Imaginons un châssis très léger et aussi très résistant, sur lequel on établirait trois paires de roues pouvant être accouplées de diverses manières, et deux systèmes de manivelles, bielles et piston, dont les masses seraient considérables par rapport à celles du châssis et des roues. Quant à la mise en mouvement de ces pièces, elle serait obtenue, soit au moyen de la vapeur, soit plus simplement à l'aide d'un mouvement d'horlogerie communiquant directement avec l'axe de l'essieu moteur principal. Cet appareil serait suspendu à des lames élastiques, dont les flexions mesureraient les excursions verticales des points de suspension. Des indicateurs, ou tout autre mode d'observation, donneraient la mesure des excursions du bâtis, tant dans le sens longitudinal que dans le sens latéral. Les premières expériences auraient pour objet de constater les divers mouvements du bâtis, lorsque les roues motrices non munies de contrepoids seraient animées de vitesses moyennes de rotation déterminées. Voici ensuite les vérifications de la théorie que l'on pourrait se proposer à l'aide de cet appareil : 1° on appliquerait aux roues autres que les roues motrices principales des contrepoids calculés à l'aide des formules (h) n° 33, et l'on constaterait que le mouvement de *galop* a disparu ; 2° on armerait en outre les roues motrices principales de contrepoids calculés d'après les formules (i) et (j) en y faisant $\varphi' = o$, et l'expérience montrerait que les mouvements de *tangage* et de *lacet* sont supprimés, tandis que les *oscillations verticales* et le mouvement de *roulis* subsistent ; 3° ces derniers contrepoids seraient remplacés par d'autres calculés suivant les mêmes formules, mais en y faisant $\varphi' = \pm \frac{\pi}{2}$, et l'on trouverait que les oscillations *verticales* et le mouvement de *roulis* ont cessé de se produire, tandis que le *tangage* et le mouvement de *lacet* se sont manifestés de nouveau ; 4° on pourrait comparer les effets de deux systèmes de contrepoids des roues motrices principales calculés avec des valeurs égales et de signes contraires de φ', mais différentes de zéro ou $\frac{\pi}{2}$, et s'assurer que, pour des vitesses égales, les mouvements qui subsistent acquièrent des amplitudes égales respectivement ; 5° enfin, l'appareil étant supposé avoir au moins quatre roues accouplées, il y aurait à changer la bielle en y substituant une bielle prolongée du côté du bouton de la manivelle, et munie, de ce côté, d'un contrepoids capable de faire équilibre au poids de la bielle et du piston autour du bouton de la manivelle ; en d'autres termes, la bielle devrait être disposée de manière à satisfaire à la condition $k = o$ ou $k' = o$, la valeur de k étant donnée par l'équation (e) n° 33. Dans cette circonstance, tous les contrepoids seraient changés et calculés d'après les équations (h), (i) et (j). L'expérience montrerait alors que tous les mouvements ont sensiblement disparu ; il ne devrait subsister que ceux qui répondent aux termes du 2° ordre et des ordres supérieurs, que nous avons négligés, et aux termes dépendants des variations de vitesse, dont nous n'avons pu réduire les coefficients à zéro. (Voir équations du n° 28.)

Dans cette dernière expérience, il serait nécessaire d'employer un ressort moteur plus fort, ou une plus haute pression si l'on employait la vapeur, pour vaincre les frottements qui se développeraient, par des vitesses un peu considérables, sur les glissières et les boutons des manivelles motrices; les sections des bielles, les boutons de manivelles et les glissières elles-mêmes devraient, d'ailleurs, présenter une résistance suffisante aux efforts qui répondent aux variations de la vitesse angulaire des bielles et au carré de cette vitesse.

Telles sont les expériences qu'il y aurait lieu de faire préalablement si l'on avait quelques doutes sur l'exactitude de notre théorie, et qui seraient de nature à en vérifier les points fondamentaux; mais les expériences que nous avons plus particulièrement en vue sont d'une tout autre nature et doivent être faites, non avec des modèles en petit, mais bien sur des locomotives faisant un service assez régulier pour qu'il soit possible de constater sûrement les inconvénients que peut présenter un système donné de bielle et de contrepoids.

39. Nous avons vu que toutes les conditions théoriques de la stabilité seraient remplies dans les machines accouplées si l'on prolongeait la bielle de manière à satisfaire à l'équation $k = o$, ce qui rendrait les autres équations de condition indépendantes de l'indéterminée θ'; nous avons dit aussi, n° 27, quels inconvénients entraînerait la réalisation de cette condition. Quant aux machines à roues indépendantes, il n'est pas possible, même théoriquement, de satisfaire à l'ensemble des conditions de la stabilité. Mais il résulte de ce qui a été exposé au n° 27 que, dans tous les cas, il ne naîtrait d'inconvénients sensibles d'un prolongement de la bielle qu'à partir du point où l'on aurait $\varphi_{\text{,}} = o$ ou $D'' = B$; en sorte qu'il sera toujours avantageux de prolonger la bielle au moins jusqu'à ce point. La quantité k ne pouvant généralement être rendue nulle dans la pratique, et les conditions $k = o$ et $\varphi_{\text{,}} = o$ se trouvant incompatibles dans les machines à roues indépendantes, la détermination des

contrepoids dépend à la fois des quantités k et w_1 relatives à la bielle, et de l'indéterminée θ' (on pourrait ici substituer à θ' la somme $\theta + \theta'$, considérée comme une seule variable, mais d'autres considérations vont nous conduire à conserver la variable θ'). Le problème général qu'il nous reste à aborder consiste à déterminer la distribution de la masse de la bielle et la valeur de θ', qui, dans un système donné de locomotive, entraînent la moindre somme d'inconvénients.

Les inconvénients relatifs à l'accroissement des pressions exercées sur les glissières et les boutons des manivelles ont été examinés n° 27, et l'on a vu que cet accroissement dépend particulièrement de w_1 et à un moindre degré de k. En se reportant aux équations du n° 28, qui donnent les variations des sommes des composantes des actions exercées par les rails et de leurs moments, on reconnaît que les variations restantes après l'application des contrepoids dépendent principalement de k et θ', tandis que w_1 n'exerce qu'une assez faible influence. (L'indéterminée θ' se présente, dans ces équations, isolée de l'angle θ.) Admettons que l'on puisse assigner numériquement la somme des inconvénients à redouter, et soit χ cette somme: la quantité χ est une fonction des trois variables k, w_1, θ', lorsque la forme de la bielle est indéterminée, et de la seule variable θ' lorsque l'état de la bielle est fixé d'une manière définitive. La recherche du minimum d'une fonction de trois variables par voie expérimentale étant à peu près impraticable, il convient de réduire ce nombre à deux, si cela se peut. On y parviendra de la manière suivante : dans le but d'accroître le moins possible la masse de la bielle, et par suite celle des contrepoids, supposons que l'on prolonge la bielle au moyen d'une tige prismatique, suffisamment résistante, d'une quantité telle que l'équation $w_1 = 0$ soit satisfaite, et admettons d'ailleurs qu'aucun obstacle ne s'y oppose; puis adaptons à l'extrémité de ce prolongement une masse de forme soit lenticulaire, soit sphérique, ou mieux un simple disque. Si l'on fait croître cette masse en changeant seulement l'une de ses dimensions, par exemple le rayon de la lentille, de la sphère ou du disque, il est clair que w_2 augmentera, tandis que h diminuera : les deux variables se trouveront ainsi remplacées par une variable unique, qui sera ce même rayon. Désignons cette nouvelle variable par R ; χ ne sera plus fonction que de R et θ'. Ajoutons que, si quelque obstacle s'opposait à ce que l'on prolongeât la bielle au moyen d'une tige prismatique capable de satisfaire à l'équation $w_2 = 0$ sans addition de masse à l'extrémité, le prolongement serait restreint dans les limites assignées par les obstacles, et l'on ajouterait une masse telle que l'on eût $w_2 = 0$. Dans les expériences, on ferait croître successivement le rayon R, le centre étant assujetti à se trouver sur un point constant du prolongement.

Quant à la variable θ', il convient de fixer les limites entre lesquelles on devra en étudier les variations.

Nous avons fait remarquer, n° 22, que le changement de θ' en $\pi + \theta'$ dans les formules (74) n'apporte aucun changement dans les expressions qui servent à calculer les contrepoids : d'où il suit que les valeurs des inégalités qui subsistent dans les équations de translation et de rotation appliquées à des systèmes de contrepoids calculés avec les valeurs θ' et $\pi + \theta'$ sont identiques, ce dont on peut s'assurer d'ailleurs en constatant que les équations du n° 23 ne subissent aucun changement lorsque l'on y met $\pi + \theta'$ à la place de θ'.

On voit déjà qu'il suffirait d'étudier les variations de l'angle θ' dans un espace angulaire égal à une demi-circonférence. Mais il a été établi, n° 25, que deux systèmes de contrepoids calculés avec des valeurs égales et de signes contraires de θ', présentent le même degré de stabilité. Dans l'un et l'autre, les inégalités des réactions des rails se succèdent dans le même ordre et avec la même intensité, à la seule différence près que les situations de la manivelle correspondantes à des effets égaux ne sont plus les mêmes. Quant aux inconvénients qui se rattachent aux variations de pression des extrémités de la bielle sur les glissières et les boutons de manivelle, ils ne dépendent que de w_1 et k. Il paraît donc très naturel d'admettre que les inconvénients relatifs à des valeurs égales et de signes contraires de δ' sont égaux. Au reste, l'expérience pourrait être utilement invoquée pour confirmer cette prévision. De ceci il résulte que généralement il suffira d'étudier les effets de la variation de δ' dans l'intervalle angulaire d'un angle droit.

40. Examinons d'abord le cas le plus simple, celui dans lequel la forme de la bielle sera donnée d'une manière invariable, comme dans les machines à cylindres intérieurs : la quantité χ représentant la somme des inconvénients sera une fonction de la seule variable δ'. Les contrepoids des roues, autres que les roues motrices principales, destinés à faire disparaître les tendances au mouvement de *galop*, seront calculés conformément aux prescriptions des n⁰ˢ 33 et suivants, et resteront les mêmes pendant toute la série des expériences. On adaptera successivement aux roues motrices principales des systèmes de contrepoids calculés avec des valeurs diverses de δ', telles que $0°$, $30°$, $60°$, $90°$. Chaque valeur de δ' fournira une valeur de χ, et l'on construira une courbe en prenant δ' pour abscisse et χ pour ordonnée. Il est clair que l'ordonnée χ présentera un minimum entre les abscisses $\delta' = 0°$ et $\delta' = 90°$. On n'aura plus qu'à déterminer la valeur de δ' qui répond à ce minimum. Or, comme, dans le voisinage d'un maximum ou d'un minimum, les ordonnées varient très peu, on pourra prendre, non pas précisément la valeur de δ' qui correspond au minimum, et que d'ailleurs il serait difficile de déterminer exactement, mais une valeur de δ' correspondante à une ordonnée χ peu différente de ce minimum. Il s'en trouvera généralement deux qui répondent à une même valeur χ : on sera donc libre de choisir celle qui présente le plus d'avantages à d'autres égards.

Si la machine est à cylindres intérieurs, et que la distribution de la masse de la bielle ait été faite de manière que la quantité w_2 approche le plus possible d'être nulle, les expériences seront terminées pour cette machine, et l'on n'aura plus qu'à appliquer aux roues motrices principales le système de contrepoids correspondant à la valeur de σ' que l'on aura admise.

Il y aurait avantage, dans une première série d'expériences, à essayer un plus grand nombre de valeurs de σ'; on pourrait, par exemple, expérimenter sur les valeurs $0°$, $15°$, $30°$, $45°$, $60°$, $75°$, $90°$, en ayant le soin de prendre ces valeurs alternativement positives et négatives : la courbe des valeurs de χ étant ensuite construite sans avoir égard aux signes de σ', c'est-à-dire en prenant toutes les abcisses positives, la continuité de la courbe ainsi obtenue confirmerait ce que nous avons avancé sur ce qu'il y a d'indifférent à employer des valeurs égales et de signes contraires de σ'.

Considérons actuellement le cas général où la distribution de la masse de la bielle et la quantité σ' sont indéterminées. Une première série d'expériences, faites sans addition de masse à l'extrémité de la bielle prolongée, ou même, s'il est nécessaire pour obtenir $\varpi_a = o$, avec une masse additionnelle de rayon R, fera connaître la valeur de σ' correspondante à une valeur nulle ou positive de R pour laquelle χ est un minimum. Dans une seconde série d'expériences, on augmenterait le rayon R, et l'on constaterait encore les valeurs correspondantes de σ' et du minimum de χ. En faisant varier de la sorte le rayon R progressivement, on obtiendra une série de valeurs minima de χ, et l'on s'arrêtera lorsque le décroissement du minimum de χ devient insensible, ou lorsque ce minimum commencera à croître. On obtiendra ainsi le minimum des minima de χ, puis la valeur correspondante de σ', et le problème sera résolu. Nous observerons, comme plus haut, qu'il ne sera pas nécessaire d'atteindre ce minimum, et que l'on pourra s'en tenir à un autre peu différent et qui exige une moindre masse additionnelle. Il est extrêmement probable que ce minimum absolu se présentera avant que l'on ait atteint la limite théorique $R = o$, même dans les machines à marchandises, qui ne sont pas destinées aux grandes vitesses. Ayant fixé le minimum de χ auquel on s'en tiendra, les valeurs correspondantes de $\mathcal{R}$ et ψ' serviront à calculer le système de contrepoids qu'il faudra adopter définitivement.

On voit que, dans ces expériences, les contrepoids destinés à faire disparaître les tendances au mouvement de *galop* devront être changés chaque fois que l'on changera la valeur de $\mathcal{R}$.

Nous pourrions presque nous dispenser d'ajouter que, dans chaque série d'expériences, le serrage des ressorts de suspension devra être réglé de manière que les oscillations du bâtis restent sensiblement comprises entre des limites données. S'il devenait nécessaire de serrer les ressorts de telle sorte que leur élasticité ne fût plus suffisante pour parer aux actions imprévues, il faudrait rejeter le système de valeurs correspondantes de $\mathcal{R}$ et ψ'. On devrait rejeter également tous ceux qui laisseraient subsister des mouvements que la pratique ne tolère pas, bien que l'usé local des bandages et les frais de traction donnent une valeur admissible de χ; mais nous pensons que cette dernière circonstance ne se présentera guère que pour des valeurs de ψ' voisines de $\pm \frac{\pi}{2}$.

Enfin, nous croyons devoir revenir sur les conditions de résistance, en engageant les expérimentateurs à s'assurer par le calcul si, pour chacune des valeurs de $\mathcal{R}$, l'étendue et la forme des sections transversales les plus exposées de la bielle présentent une garantie suffisante contre les accidents, et à faire des calculs analogues en ce qui concerne les boutons des manivelles principales, et même les glissières.

41. Nous avons maintenant à dire quelques mots de l'évaluation numérique de la fonction χ, évaluation que nous avons tout d'abord supposée praticable, afin de simplifier notre exposé. A cet égard, nous croyons que les ingénieurs attachés aux services des chemins de fer seront plus compétents que nous ne le pouvons être. Néanmoins, nous allons indiquer un moyen que nous recommandions, si le temps qu'il semble devoir exiger ne nous paraissait pas trop considérable. Nous présenterons ce moyen comme un exemple de la possibilité d'évaluer numériquement la fonction χ, afin que, si l'on veut rechercher un procédé d'expérimentation plus facile et plus rapide, on ne perde pas de vue le caractère de cette fonction.

Il faudrait, avons-nous dit, rejeter les expériences dans lesquelles la stabilité obtenue ne se trouverait pas suffisante : la fonction χ ne doit donc plus représenter que les inconvénients qui subsistent après que la stabilité désirable aura été réalisée, inconvénients provenant tant des petits mouvements non détruits que de la tendance d'autres mouvements à se manifester; puis aussi ceux qui pourront provenir de la stabilité obtenue.

Les tendances aux mouvements et les mouvements eux-mêmes déterminent, de la part des rails, des réactions qui produisent l'usé local des bandages. D'ailleurs la stabilité peut avoir été obtenue au prix d'un accroissement de l'intensité des réactions mutuelles des organes de la machine. De là un accroissement du travail des frottements, une détérioration plus rapide de quelques uns de ces organes, et la nécessité de les réparer plus fréquemment.

Ceci posé, voici comment la valeur numérique de χ semblerait pouvoir être déterminée. On ferait fonctionner la locomotive à étudier, avec des contrepoids calculés au moyen de valeurs données de $\mathcal{R}$ et $\mathcal{E}$, jusqu'à ce qu'elle dût rentrer dans les ateliers pour y être réparée, en ayant soin que, pendant toute la durée des expériences, elle soit consacrée à un même service, qu'elle soit alimentée de la même espèce de combustible, et que la vapeur y soit produite et utilisée de la même manière. On constaterait les frais de tournage des roues et ceux qui leur correspondent dans la détérioration des bandages, puis les frais de réparation et d'entretien des autres organes mobiles de la machine, enfin la dépense de combusti-

ble. On ramènerait ensuite, au moyen des registres de service
de la machine, la somme de ces frais à la partie proportionnelle qui est relative au transport d'une tonne à un kilomètre :
le résultat représenterait la valeur numérique de χ. Il doit
être entendu que l'on ne ferait pas figurer dans l'état des dépenses celles qui seraient occasionnées par l'expérience elle-
même : en effet, certaines pièces, manquant d'une résistance
suffisante, pourraient être brisées ou mises hors d'état de servir davantage. On devrait aussi, dans le cas d'un changement
survenu, pendant la durée des expériences, dans le prix des
matières premières ou de la main-d'œuvre, ramener ces prix
à une unité commune, etc.

Telles sont les réflexions que j'ai l'honneur de soumettre à
l'examen des ingénieurs. Il ne me paraît pas possible de pousser la théorie plus loin que je l'ai fait, tant que l'on négligera
l'effet des ressorts de suspension, et que l'on n'aura pas tiré
de l'équation des forces vives les conditions propres à faire
disparaître les variations de la vitesse. Lors même que la théorie
serait achevée sous ces deux points de vue, il est probable que
des conditions incompatibles, comme nous en avons trouvé,
exigeraient encore le recours à l'expérience.

<hr>

CONSIDÉRATIONS GÉNÉRALES

SUR LA

STABILITÉ DES MACHINES.

42. Nous avons fait observer, à la fin du n° 9, que nos équations ne sont pas particulières aux locomotives, et qu'elles
conviennent à toute machine remplissant les conditions de symétrie que nous avons admises pour les locomotives : elles
conviennent donc aux machines de bateaux à vapeur et aux
machines fixes composées de deux machines remplissant les
mêmes conditions de symétrie et réunies par un bâtis commun.

Dans ce dernier cas, nos formules se simplifieraient par l'annulation des termes affectés des dérivées $\dfrac{d^2 x_0}{dt^2}$, $\dfrac{d^2 y_0}{dt^2}$, $\dfrac{d^2 z_0}{dt^2}$.

En écrivant ce Mémoire, nous avions particulièrement en vue les machines locomotives, et nous n'avons pas cru nécessaire d'exposer la théorie générale de la stabilité des machines fixes. Il ne sera peut-être pas inutile d'en dire actuellement quelques mots.

Considérons les machines dont les organes sont renfermés dans un bâtis commun, et supposons d'ailleurs que ces organes puissent prendre des mouvements quelconques, sous la seule condition qu'ils soient dépendants les uns des autres ou solidaires. Les équations de translation et des moments (3), (6), (14) et (15), en y réduisant chaque second membre à son dernier terme, feront connaître les sommes des composantes et des moments des réactions exercées sur le bâtis par les fondations ou supports de la machine. En exprimant les seconds membres en fonctions d'une variable unique et de ses dérivées, puis égalant à zéro la somme des coefficients des termes variables de même espèce, on aura les conditions que doivent remplir les masses en mouvement pour que les réactions exercées par les supports soient constantes. Ajoutons que, si les travaux des forces qui sollicitent la machine sont susceptibles de recevoir une expression analytique déterminée en fonction de la variable que l'on aura choisie, l'équation des forces vives et sa dérivée permettront d'éliminer des six équations de translation et des moments, soit la variable elle-même et l'une de ses dérivées, soit plutôt ces deux dernières ; ce qui pourra donner lieu à un système de conditions différent de celui qu'on obtiendrait en faisant abstraction de l'équation des forces vives. Mais lorsque, comme dans les locomotives, l'expression du travail moteur ne peut être assignée d'une manière générale, on sera souvent obligé de se borner aux seules conditions que fournissent les équations de translation et des moments.

Si l'on peut employer simultanément les équations de translation et des moments, puis l'équation des forces vives, la destination de la machine exigera le plus généralement que l'on se pose une nouvelle condition, qui consiste en ce que la vitesse de l'un des organes reste comprise entre des limites données ou même soit constante. Cette nouvelle condition, considérée isolément, conduirait à l'emploi des règles ordinaires que fournit la théorie des volants; mais lorsque l'on se propose en même temps de satisfaire aux conditions de la stabilité que nous avons indiquées, on comprend qu'il est généralement difficile de traiter séparément les deux problèmes. En d'autres termes, il est visible que les conditions de stabilité des machines et celle de l'uniformité de leur marche donnent lieu à un problème complexe.

Lorsque tous les points des organes d'une machine se meuvent dans des plans parallèles, les différents termes qui dépendent des coordonnées ou des vitesses dans les équations ci-dessus peuvent s'obtenir facilement et sans qu'il soit nécessaire d'avoir recours à d'autres notions que celles exposées dans ce Mémoire; mais, si quelques uns des organes sont susceptibles de prendre des mouvements plus variés, il sera indispensable d'avoir recours aux théorèmes généraux sur la composition des moments et des vitesses angulaires des corps solides, ce qui conduit à la notion du moment principal, de l'axe instantané de rotation, et des moments d'inertie principaux. On trouve ces diverses théories exposées dans le *Traité de Mécanique* de Poisson.

Il ne suffit pas que les réactions constantes ou variables exercées par les fondations ou supports sur le bâtis soient connues, il faut encore que le bâtis lui-même soit capable de résister aux actions intérieures qui se développent pendant le mouvement. Dans la recherche de ces actions, on devra fractionner le bâtis en diverses parties, dont chacune reçoit de celle qui l'avoisine, ou des organes mobiles, des actions égales et contraires à celles qu'elle exerce sur eux et qu'il s'agit de déterminer. Ceci suffit pour faire voir que les procédés à employer pour la détermination des effets auxquels sont soumises les différentes parties du bâtis fractionné de la sorte s'appliqueraient également aux supports isolés des machines qui ne seraient pas enfermées dans un bâtis commun ; à cela près que, pour ces machines, il n'y aura pas lieu de rechercher à *priori* les conditions de stabilité auxquelles on peut vouloir assujettir les machines que nous avons envisagées d'abord : il faut alors chercher à satisfaire à ces conditions pour chaque support en particulier, si cela est possible.

Ceci posé, en appliquant l'équation des forces vives à l'ensemble d'une machine, et négligeant dans une première approximation les parties actuellement inconnues du travail du frottement, on obtiendra, à l'aide des équations qui expriment les liaisons du système, la vitesse de chacun des points mobiles pour toute situation de la machine, et, par suite, la variation de vitesse par unité de temps ; en sorte que l'état de mouvement de chacun des organes sera complétement défini. On écrira alors, pour chacun des organes séparément, les six équations de translation et des moments, dans lesquelles on connaît déjà les forces qui proviennent de l'action de la pesanteur, puis les forces motrices et résistantes qui répondent au travail moteur et à l'effet utile de la machine. On y joindra, suivant le besoin, des équations en nombre suffisant pour lever l'indétermination qui naîtrait de l'hypothèse de la rigidité absolue des pièces (ces équations seraient fondées sur la considération de leur élasticité). La résolution de l'ensemble des équations, en ayant égard au principe de l'égalité de l'action et de la réaction, fera connaître chacune des composantes des actions mutuelles des organes mobiles et de celles qu'ils reçoivent des supports ou des parties fractionnées du bâtis. Lorsque chaque organe mobile ne communiquera pas directement avec plus de deux organes de ce genre, la résolution des équations sera considérablement simplifiée : elle pourra s'effectuer de proche en proche.

Les actions mutuelles étant ainsi déterminées, il sera possible de procéder à une seconde approximation, dans laquelle on complétera ou rectifiera le travail du frottement dans l'équation

des forces vives : pour obtenir une expression de ce travail suf
fisamment exacte, il était nécessaire, en effet, de déterminer
au moins approximativement les actions mutuelles au contact
des organes mobiles. On pourra, si cela est jugé nécessaire,
déterminer de nouveau ces actions, en recommençant les calculs à l'aide des nouvelles valeurs de la vitesse et de la variation de vitesse que fournira l'équation des forces vives, lorsqu'on y aura substitué une valeur plus approchée du travail du
frottement.

Les réactions des organes mobiles sur les supports étant connues pour toute position du système, on devra appliquer à ces
supports les six équations de l'équilibre d'un corps solide, en
introduisant dans ces équations les actions que ces supports reçoivent du sol ou des supports voisins. On examinera jusqu'à
quel point il est possible et nécessaire de les rendre constantes,
et, dans tous les cas, si elles sont compatibles avec la résistance
du sol et des supports.

Pour donner une idée de la manière dont il convient d'étudier la résistance des organes mobiles eux-mêmes, nous consi-
dérerons le cas des bielles.

Imaginons une section faite par un plan perpendiculaire à
l'axe de figure, et menons par le centre de gravité de la section un axe perpendiculaire au plan du mouvement, considérons l'une des deux parties ainsi séparées de la bielle, et dont
le mouvement est censé connu par ce qui précède, ainsi que
toutes les forces qui la sollicitent, à l'exception des forces moléculaires développées dans le voisinage de la section par les
molécules appartenant à l'autre partie de la bielle. En appliquant deux équations de translation et une équation des moments à la partie de la bielle que nous considérons, on obtiendra les sommes des composantes parallèles et perpendiculaires
à l'axe de la bielle dans le plan du mouvement, et la somme
des moments de ces actions moléculaires autour de l'axe passant par le centre de gravité de la section. A l'aide de ces
quantités et de la forme de la section, la théorie ordinaire de

la résistance des matériaux fera connaître l'effort auquel est soumise la fibre la plus exposée à la contraction ou à l'allongement ; le coefficient d'élasticité indiquera ensuite si cet effort est compatible avec la substance dont la bielle est construite.

La question serait résolue s'il s'agissait seulement d'étudier la résistance que présente la bielle en une section déterminée ; mais le problème est plus compliqué. Ayant obtenu l'expression du plus grand effort auquel soit exposée une fibre d'une section donnée, il restera à rechercher quelles sont la section et la position de la bielle pour lesquelles ce plus grand effort est un maximum, et si ce maximum est compatible avec la résistance de la matière de la bielle.

Le cas relatif à la résistance des jantes de roues ou de volants est assez familier aux ingénieurs pour que nous nous dispensions de l'examiner ici.

Quant à la résistance des arbres aux efforts de torsion, les notions les plus exactes que l'on possède sur cette matière délicate ont été exposées par M. Barré de Saint-Venant.

L'étendue déjà considérable de ce Mémoire nous empêche d'entrer dans plus de détails pour le moment.

ADDITION

Relative au prolongement de la bielle.

Tout en indiquant la possibilité d'obtenir aisément certains résultats par une autre voie, nous avons dit au commencement du Mémoire, n° 2, que nous suivrions la méthode analytique comme offrant plus de sécurité. La confusion qui règne dans les idées de beaucoup de personnes sur certains points de la mécanique nous en faisait une obligation, sous peine d'entreprendre la tâche difficile de rectifier les idées fausses. À l'aide des deux principes qui nous ont servi de point de départ, et qui sont admis par tout le monde, il nous a été possible de réduire nos recherches à un travail d'analyse pure. Nous aurions manqué notre but en intercalant des démonstrations

géométriques. Il était d'ailleurs utile d'obtenir les expressions
calculables des composantes et des moments des réactions des
rails, puisque les expressions du n° 23 qui se rapportent à notre
système de contrepoids conservent encore des parties variables,
lorsque les quantités k et ϖ, ne sont point annulées. Les relations (86) et (87), qui donnent jusqu'à un certain point la mesure de l'efficacité de ce système, étaient également utiles à
former.

Nous pensons qu'on ne nous saura pas mauvais gré d'éclaircir,
par quelques considérations très simples, ce que pourrait avoir
d'obscur pour quelques ingénieurs la nécessité de prolonger la
bielle de manière à satisfaire à la condition $k = 0$.

Sans qu'il soit nécessaire de rentrer au fond dans la question
de la stabilité des locomotives en mouvement, on admettra aisément que les conditions générales doivent comprendre celle-ci :
que le centre de gravité des organes en mouvement doit rester
fixe relativement au bâtis de la machine. Nous allons vérifier
qu'effectivement nos équations satisfont à cette condition, dans
le cas simple des machines à roues indépendantes, où l'on sup-
poserait que les centres de gravité du piston, de la bielle, de la
manivelle et du contrepoids, sont situés dans un même plan.

En admettant que le centre de gravité de ces diverses masses
puisse se déplacer, il est aisé de voir que le déplacement de
ce centre de gravité sera le même que celui d'un autre système de masses différent du précédent en cela seulement que
la masse entière du piston sera concentrée au point d'articulation de la bielle et de la tête du piston : ce point et le centre
de gravité du piston sont effectivement animés des mêmes vitesses.

Nous avons établi n° 21 que la quantité k est le moment de
la masse de la bielle et de celle du piston concentrée à l'extrémité de la bielle, par rapport au bouton de la manivelle. La condition $k = 0$ revient donc à ce que le centre de gravité de ces
masses passe par l'axe du bouton. On voit déjà que le mouvement du centre de gravité général sera celui du système formé

par le contrepoids, la manivelle, et les masses de la bielle et du piston concentrées au bouton de la manivelle. Il est évident que ce centre de gravité général ne restera immobile dans toutes les positions du système qu'autant qu'il passera par l'axe de l'essieu; ce qui exige que le centre de gravité du contrepoids soit situé sur le prolongement de la manivelle, et que la somme des moments autour de l'axe de l'essieu soit nulle, ou que le contrepoids fasse équilibre aux autres masses autour de cet axe.

Examinons comment nos équations (i) et (j) du n° 33 s'accordent avec ces résultats. L'hypothèse faite sur la situation des centres de gravité dans un plan unique entraîne l'égalité des coordonnées, A et A''' : d'où, en vertu des éq. (e) n° 33,

$$U = \frac{V}{\lambda} ;$$

la condition $k = o$ annule k', éq. (d); et les équations (i) donnent

$$\mu \rho \sin \iota = o , \qquad \mu \rho \cos \iota = -U.$$

(Les équations (j) donnent des résultats tout pareils.)

On en tire $\iota = 180°$, à cause de U positif; et $\mu \rho = U$. Or, en vertu de la première équation (e), U n'est autre chose que la somme des moments autour de l'axe de l'essieu, de la masse de la manivelle et des masses de la bielle et du piston concentrées au bouton de la manivelle. En ayant égard à la signification de ι et $\mu \rho$, on voit que nos équations (33) fournissent des résultats qui s'accordent effectivement avec les précédents.

L'explication que nous venons de présenter ne prouve pas, il est vrai, qu'aucune autre disposition des masses ne remplirait la condition de l'immobilité relative du centre de gravité général; mais nous avons démontré assez simplement (séance du 7 mars 1851), en nous fondant sur la définition des coordonnées du centre de gravité, que le prolongement de la bielle offre la solution unique (nous avons évité, par un tour particulier de démonstration, la réduction en séries du radical qui exprime la valeur de $\cos \beta$).

ERRATA.

Page	Ligne	Au lieu de	Lisez
25	fig. (1)	horizontal	horizontale
37	3	$-\dfrac{d^2z}{dt^2}$	$-\zeta\dfrac{d^2z}{dt^2}$
45	3 en remontant	$+\sin\theta\,M\dfrac{d^2z}{dt^2}$	$+\sin\theta\,\Sigma M\dfrac{d^2z}{dt^2}$
52	4 en remontant (note)	B^i	B_i
53	6 en remontant (note)	$\frac{1}{2}(C_i+C)$	$\frac{1}{2}(C_i+C_i)$
54	3 de la note	$-i\dfrac{A}{\varphi_i}$	$-i\dfrac{A_i}{\varphi_i}$
55	5	$\dfrac{d^2u}{dt^2},$	$\dfrac{d^2u}{dt^2}$
59	col. éq. (z), dern. lig.	$-\mu\rho\lambda\sin e\sin\alpha\dfrac{d^2u}{dt^2}$	$-\mu\rho\lambda\sin e\sin\alpha\dfrac{d\Omega^2}{dt^2}$
Tableau du n° 15	éq. (x), 3ᵉ lig. (bielle)	$\sin 2 i\alpha.\dfrac{d\Omega^2}{dt^2}$	$\sin 2 i\alpha.\dfrac{d^2\alpha}{dt^2}$
	éq. (y), 1ʳᵉ col., der. lig.	$+\left(\dfrac{d\nu}{dt}g-\sin g'\right)$	$+\left(\dfrac{d\nu}{dt}-g\sin g'\right)$
62	4 en remontant	$\frac{1}{2}T_e\Sigma M$	$\frac{1}{2}\Gamma_e\Sigma M$
63	1	T_e	Γ_e
69	3	$\sin(bi+2\alpha)$	$\sin(bi+2)\alpha$
73	éq. (z), dern. ligne	$+k\cos\delta A$	$+k\cos\delta A$
77	1 de la note	B	B^i
96	4ᵉ équation (81)	$+k\dfrac{r}{B}V$	$+k\dfrac{r}{B}A$
103	dernière	$\mu''\rho''\dfrac{\sin}{\cos}\rho''$	$\mu''\rho''\dfrac{\sin}{\cos}\rho''$
123	6	$\dfrac{z_0}{x}$	$\dfrac{z_0}{x_0}$
131	6 en remontant	maniv cllcui	manivelle qui
136	4	duc bcmin	du chemin

Page 124, ligne 2 en remontant, après 1000 kilogr. ajoutez : par rapport à la charge moyenne, en sorte que l'amplitude de cette variation atteint presque 2000 kilogrammes.

IMPRIMERIE GUIRAUDET ET JOUAUST,
Rue Saint-Honoré, 338, Paris.